Perlen der Weisheit

ANTHONY DE MELLO

Anthony de Mello, 1931 – 1987, indischer Theologe, Jesuit, Psychologe, Gründer des Sadhana-Instituts für transpersonale Persönlichkeitsarbeit und weltweit bekannter Weisheitslehrer. Zahlreiche Veröffentlichungen im Verlag Herder.

Dieser Band wird herausgegeben von Dr. Michaela Diers. Die Herausgeberin ist freie Autorin zahlreicher Veröffentlichungen.

Perlen der Weisheit

Die schönsten Texte von

ANTHONY DE MELLO

Herausgegeben von
Michaela Diers

HERDER

FREIBURG · BASEL · WIEN

Inhalt

Einführung

Anthony de Mello wurde am 4. September 1931 in Mumbai (Bombay) geboren. Seine Eltern stammten aus Goa, einer Region an der Westküste Indiens, die bis ins zwanzigste Jahrhundert hinein portugiesische Provinz war. So erklärt sich, dass de Mello, obgleich Inder, in eine westlich geprägte, katholische Familie hineingeboren wurde.

Bereits im Alter von 16 Jahren schloss er sich dem Jesuitenorden an, dem er bis zu seinem Tod angehörte. Er studierte Philosophie in Spanien und christliche Theologie in Pune (Indien). Während seiner Studien vertiefte er sich auch in die spirituellen Traditionen Indiens. Auf die Priesterweihe im Jahr 1961 folgte ein Psychologiestudium in den USA, in dem er sich mit modernen Therapieformen vertraut machte. Nach seiner Rückkehr nach Indien übernahm er leitende Funktionen seines Ordens, führte spirituelle Exerzitien durch und gründete schließlich das »Sadhana Institut«: ein religiöses Beratungs- und Ausbildungszentrum, ein Ort der spirituellen Suche, der Lehre und Begleitung auf dem Weg hin zum Erwachen, zur Erfahrung Gottes beziehungsweise der letzten Realität.

Rasch verbreitete sich de Mellos Ruf als spiritueller Lehrer. Seine Bücher fanden viele Leser und wurden in zahlreiche Sprachen übersetzt. Vortragsreisen führten ihn rund um den Globus. Auf eben einer solchen Reise befand er sich, als er am 1. Juni 1987 in der Fordham Universität in New York völlig überraschend einem Herzinfarkt erlag.

Man wird in de Mellos Schriften auf einen liberal gesinnten, lebensklugen Mann treffen, der über eingehende Kenntnisse der zeitgenössischen Psychologie verfügt. Vor allem anderen aber ist er ein großer Kenner der religiösen Traditionen der Welt, der in seinen Schriften auf uraltes spirituelles Wissen zurückgreift. Ein besonderes Anliegen ist es ihm, die alten Texte für moderne Leser zu öffnen. »Alles«, so de Mello bescheiden über seine Bearbeitung der traditionellen Weisheitstexte, »was der Autor getan hat, war, sie mit einem bestimmten Hintergedanken zusammenzustellen. Seine Arbeit war die des Webers und des Färbers; an Stoff und Faden hat er kein Verdienst«.

So finden in die Bücher de Mellos die Werke der taoistischen Philosophen Laotse und Dschuang Dsi, also die Weisheiten des Alten China, Eingang, nicht anders als die Weisheitstexte Altindiens, sei es in Form der hinduistischen oder der buddhistischen Tradition. Der Sufismus, die Mystik des Islam, und der Chassidismus, die Mystik des Judentums, sind vertreten und natürlich auch die Werke der christlichen Mystiker und Mystikerinnen. Diese die Kulturen und Epochen übergreifende Perspektive wird in Gestalt des Meisters sinnfällig, der in de Mellos Werken auftritt: »Er ist« – so de Mello –»Laotse und Sokrates, Buddha und Jesus, Zarathustra und Mohammed. Seine Lehre findet man im 7. Jahrhundert vor Christus und im 20. Jahrhundert nach Christus. Seine Weisheit gehört Ost und West gleichermaßen.«

Wie kaum ein anderer ist Anthony de Mello für diesen spirituellen Brückenschlag zwischen den Kulturen geeignet, denn in seiner Person treffen Ost und West aufeinander und durchdringen sich gegenseitig.

Im Zentrum steht für de Mello die lebendige spirituelle Erfahrung. Die Religionen, aus deren Erbe er schöpft, schätzt er zwar, doch er bemängelt auch deren Tendenz, dogmatisch zu erstarren. Zwiespältig ist nicht minder sein Verhältnis zu Theologie und Philosophie, die in ihrem Bestreben, das eigentlich Unfassbare theoretisch fassbar zu machen, den Zugang zur lebendigen Erfahrung eher verstellen als eröffnen.

De Mellos Texte wollen nicht analysieren, belehren oder unterweisen, sie wollen zündender Funke und Stein des Anstoßes sein. Vor allem anderen wollen sie befreien. Befreien wovon? Von Unwissenheit, oder besser: von jenen Systemen vorgeblichen Wissens, die das Denken und folglich das Leben bestimmen. Die Inhalte dieser Systeme differieren nach Epoche und Kulturkreis, sie sind religiös oder auch weltlich – Unterschiede, die für de Mello im Grunde unerheblich sind. Erheblich ist, dass sich Menschen in ihnen verlaufen, ja verlieren. Handelt es sich doch um eingefahrene Strukturen der Wahrnehmung und Bewertung, an denen festgehalten wird, auch wenn sie bereits hinderlich, ja absurd geworden sind. Statt dem lebendigen Fluss des Lebens zu folgen, verfängt sich der Mensch in Bewertungen, in all dem, was angeblich notwendig und unabänderlich ist – und das, was den Namen Leben verdient, findet einstweilen ohne ihn statt.

Und weil es sich so verhält, wird de Mellos Brückenschlag zwischen Ost und West auch zu einem internationalen Narrentreffen. Die Farben und Formen der Narrenkappen mögen sich unterscheiden – die Narretei bleibt sich gleich: besser das Altbekannte, auch wenn es das altbekannte Unglück ist, als die Ungewissheit des Neuen.

Allerlei verwunderliche Gestalten tummeln sich auf de Mellos multikulturellem Narrenschiff. Unter ihnen befindet sich ein kleiner

Frosch, der aus dem Werk des großen Dschuang Dsi in die Schriften de Mellos gehüpft ist. Er ist eigentlich kein unsympathischer Geselle, auch wenn er ein rechter Gernegroß ist, der sich selbst gerne quaken hört. Schließlich nennt er ja einen wunderbar verschlammten Brunnen sein eigen und – so jedenfalls bei Dschuang Dsi – blickt stolz auf Muscheln, Krabben und Kaulquappen, die mit ihm das Brunnenloch bewohnen, herab.

Als ihm jedoch der Meeresfrosch vom weiten Ozean berichtet, bleibt ihm die Luft weg. Bei de Mello (vgl. S. 108) fängt er sich schnell wieder und ist sich – weil nicht sein kann, was nicht sein darf – sicher, dass der Meeresfrosch ein frecher Lügner ist. Bei Dschuang Dsi überbringt die offenbar etwas glaubhaftere Meeresschildkröte die unliebsame Botschaft. Der Brunnenfrosch ahnt Fürchterliches und wird angesichts der Möglichkeit, dass die Schildkröte recht haben könnte, vor Schreck ohnmächtig.

Wie gut, dass die Geschichte in längst vergangenen Zeiten irgendwo in den entlegensten

Regionen des Alten China spielt. Oder vielleicht doch nicht?

Wenn man es recht bedenkt, wohnt der kleine Frosch überall dort, wo Menschen ihren beschränkten Horizont absolut setzen, sich in Gedankensysteme und Bewertungen einmauern und sodann ihr Gefängnis als Heimat verteidigen.

Man mag das große Wort von der »Erleuchtung« an dieser Stelle ruhig beiseite lassen. Im Falle von Brunnenbewohnern ist das »Mir geht ein Licht auf!« erhellend – und das heißt: schockierend – genug. Tapferkeit ist nun gefragt. Doch auch die Weite des sich neu erschließenden Horizontes, der Gewinn an Freiheit und Lebendigkeit ist zu bedenken. Vielleicht lohnt es sich ja, kein Frosch zu sein, und das Wagnis zu unternehmen, über den eigenen Brunnen- beziehungsweise Tellerrand hinauszublicken.

Wie sich in einer Kette Perle an Perle reiht, versammelt dieses Buch kleine Kostbarkeiten aus dem Werk Anthony de Mellos. Es gehört zur Eigenart dieser Perlen, dass sie in Bescheidenheit gefasst sind. Oft sind es kleine Geschichten, die harmlos daherkommen. Man unterschätze sie nicht. Sie können verwandeln. Man muss nur die richtigen Perlen finden, diejenigen, die das eigene Leben betreffen. Wie aber findet man sie? Auch hier weiß Dschuang Dsi guten Rat und erzählt die Geschichte von einem mächtigen Herrscher, der seine »Zauberperle« verloren hat: »Er sandte Erkenntnis aus, sie zu suchen, und bekam sie nicht wieder. Er sandte Scharfblick aus, sie zu suchen, und bekam sie nicht wieder. Er sandte Denken aus, sie zu suchen, und bekam sie nicht wieder. Da sandte er Selbstvergessen (das heißt das Vergessen des Ich) aus. Selbstvergessen fand sie.« Man lese das Buch also, wie man eine Landschaft durchschlendert. Wer nicht sucht, der findet. Und wer weiß, vielleicht ist ja auch die Zauberperle dabei.

Michaela Diers

Abhängigkeit

Abhängigsein – wie kommt es dazu? Zuerst aus der Beziehung zu etwas, was Ihnen Spaß macht: ein Auto, ein faszinierendes neues Gerät, das die Werbung anpreist, ein Wort des Lobes oder die Gesellschaft eines Menschen. Darauf folgt der Wunsch, dies festzuhalten, das befriedigende Gefühl wiederzuhaben, das diese Sache oder dieser Mensch in Ihnen geweckt hat. Schließlich sind Sie überzeugt, dass Sie ohne ihn oder sie oder die bestimmte Sache nicht glücklich sein können, denn Sie haben das Vergnügen, das es mit sich bringt, mit Glücklichsein gleichgesetzt. Damit sind Sie in eine regelrechte Abhängigkeit geraten. Mit ihr geht unvermeidlich einher ein Ausschließen alles anderen, ein Blindsein allem gegenüber, was nicht irgendwie zu dem gehört, woran Ihr Herz hängt. So oft Sie sich auch von dem Objekt Ihrer Abhängigkeit zu trennen suchen, Ihr Herz bleibt doch daran hängen, auch wenn Sie sich bereits mit etwas anderem befassen. Die Sinfonie des Lebens geht weiter, doch Sie schauen zurück, halten an ein paar Takten fest, verschließen vor den übrigen Klängen der Musik die Ohren und schaffen dadurch Disharmonie und Spannung zwischen dem, was das Leben Ihnen anbietet und dem, woran Ihr Herz hängt. Die Folge davon sind Spannung und Angst, die für die Liebe und die freudige Freiheit, die die Liebe mit sich bringt, den Tod bedeuten. Denn Liebe und Freiheit lassen sich nur finden, wenn man auf jeden einzelnen Ton, der erklingt, mit Freude hört und ihn verklingen lässt, um dem nächsten wieder aufmerksam zu lauschen.

Wie lässt sich solches Abhängigsein ablegen? Viele versuchen es durch Verzicht. Doch auf ein paar Takte Musik zu verzichten, sie aus seinem Bewusstsein zu löschen, führt zu genau derselben Gewaltsamkeit, Spannung und mangelnden Empfänglichkeit, wie dies beim Sich-Anklammern der Fall ist. Wieder haben Sie sich verhärtet. Das Geheimnis liegt darin, auf nichts zu verzichten, sich an nichts zu klammern, sich über alles zu freuen und damit einverstanden zu sein, dass alles vorübergeht und fließt.

Wie ist dies zu erreichen? Durch die in langem, geduldigem Beobachten gewonnene Einsicht, wie verkehrt und zersetzend solche Abhängigkeit ist. Im Allgemeinen sind Sie auf die freudige Erregung, den Blitz von Freude, die sie bringt, konzentriert. Aber bedenken Sie die Angst, den Kummer, die Unfreiheit bei all dem. Und bedenken Sie zugleich die Freude, den Frieden, die Freiheit, die Sie immer erfüllt, wenn Sie sich von etwas lösen, woran Sie hingen. Dann werden Sie nicht mehr zurückblicken und von der Musik des jeweiligen Augenblicks entzückt sein.

Abschied

Gott sagt: »Gib mir dein Herz« … Und dann, als er meine Verlegenheit sieht, höre ich seine Antwort: »Wo dein Schatz ist, da ist auch dein Herz.«

Meine Schätze – das sind: Menschen … Orte … Tätigkeiten … Dinge … Erfahrungen von früher … Ich hebe jeden Schatz auf, sage ihm etwas und stelle ihn vor den Herrn …

Wie aber kann ich ihm diese Schätze »geben«?

In dem Maß, wie mein Herz in diesen vergangenen Schätzen ist, bin ich versteinert und tot, denn Leben ist nur im Gegenwärtigen.

So sage ich denn all diesen vergangenen Schätzen, diesem goldenen Gestern: Lebt wohl. Jedem einzelnen rede ich gut zu und erkläre ihm, dass ich ihm zwar dankbar bin, dass er in mein Leben getreten ist, aber dass er nun gehen müsse, – weil mein Herz sonst nie lernen würde, die Gegenwart zu lieben …

Angst

»WIE SOLL ich mich von Angst befreien?« »Wie kannst du dich von etwas befreien, an das du dich klammerst?« – »Ihr meint, ich klammerte mich tatsächlich an meine Ängste? Das finde ich nicht.« – »Überlege, wovor dich deine Ängste schützen und du wirst mir zustimmen! Und du wirst deine Torheit erkennen.«

MANCHE SAGEN, es gebe nur zwei Dinge auf der Welt: Gott und Angst; Liebe und Angst sind die beiden einzigen Dinge. Es gibt nur eines auf der Welt, was von Übel ist, nämlich Angst. Es gibt nur eines auf der Welt, was gut ist, nämlich Liebe. Sie hat manchmal auch andere Namen. Manchmal nennt man sie Glück, Freiheit, Frieden, Freude, Gott oder wie auch immer. Aber das Etikett ist nicht so wichtig. Jedenfalls gibt es kein einziges Übel auf der Welt, das sich nicht auf Angst zurückführen ließe; kein einziges.

Ignoranz und Angst, Ignoranz durch Angst: daher rührt alles Übel, daher rührt auch Ihre Gewalttätigkeit. Wer wirklich gewaltlos ist – unfähig zu Gewalt – ist ein furchtloser Mensch. Nur wer sich fürchtet, ärgert sich. Erinnern Sie sich daran, wie Sie sich das letzte Mal geärgert haben, und suchen Sie nach der Angst, die dahintersteckte. Fürchteten Sie, etwas zu verlieren? Fürchteten Sie, man könnte Ihnen etwas wegnehmen? Daher rührt nämlich der Ärger. Denken Sie einmal an jemanden, der verärgert ist, vielleicht an jemanden, den Sie fürchten. Merken Sie, wie viel Angst er oder sie hat? Er hat wirklich und tatsächlich Angst. Sie hat wirklich Angst, sonst wäre sie nicht so verärgert. Letztlich gibt es nur zwei Dinge: Liebe und Angst.

Stellen Sie sich für einen Augenblick vor, Sie hätten die Angst verloren, ohne das Ersehnte leben zu müssen.

Auferstehung

Das Weizenkorn muss sterben … und dann folgt die echte Auferstehung und dein wahres Selbst kommt ans Licht. Lass dich davon durch keine Droge abbringen; verringere mit keiner Droge dein wirkliches Leben – weder mit der Droge von Beziehungen, noch der Droge der Liebe. Liebe versüßt das Leben, ersetzt es aber nie. Das tut auch nicht die Droge der Religion oder die Droge Gott. Auch nicht die Droge Geschätzt- oder Gelobtwerden oder die Droge, die Erwartungen anderer zu erfüllen … Vertiefe dein Empfinden, dass du verwurzelt, daheim bist. Spüre deutlich die Angst, den Schmerz … und dann die Stärke. Sicher, es schmerzt, diesen Weg ganz allein zu gehen. Aber es gibt keinen anderen Weg.

Autoritäten

Eine Sufi-Geschichte: Ein Mann, den man für tot hielt, wurde von seinen Freunden zur Beerdigung getragen. Als der Sarg in das Grab hinabgelassen werden sollte, kam der Mann plötzlich wieder zu sich und schlug gegen den Sargdeckel. Der Sarg wurde geöffnet; der Mann richtete sich auf. »Was tut ihr?« fragte er die versammelte Menge. »Ich lebe, ich bin nicht tot.« Seine Worte stießen auf verblüfftes Schweigen. Schließlich sagte einer der Trauergäste: »Mein Freund, sowohl die Ärzte wie die Priester haben deinen Tod bescheinigt. Die Fachleute können sich doch wohl nicht täuschen!« Also wurde der Sargdeckel wieder zugeschraubt, und der Mann wurde beerdigt, wie es sich gehörte.

Befreiung

»Darf ich euer Schüler werden?«

»Du bist nur ein Schüler, weil deine Augen geschlossen sind. An dem Tag, an dem du sie öffnest, wirst du feststellen, dass du nichts von mir oder von jemand anderem lernen kannst.«

»Wozu ist dann ein Meister da?«

»Dir zu der Erkenntnis zu verhelfen, dass es zwecklos ist, einen zu haben.«

Der Meister war allergisch gegenüber Leuten, die ihren Aufenthalt im Kloster in die Länge zogen. Früher oder später bekam jeder Schüler die schwerwiegenden Worte zu hören: »Es ist Zeit für dich zu gehen. Wenn du dich nicht löst, wird der Geist nicht kommen.«

Was sei dieser »Geist«, wollte ein besonders betroffener Schüler wissen. Sagte der Meister: »Wasser bleibt lebendig und frei, indem es fließt. Du wirst lebendig und frei bleiben, wenn du gehst. Wenn du nicht von mir weggehst, wirst du stagnieren und sterben – und vergiftet werden.«

»Wie soll ich Befreiung erlangen?« »Finde heraus, wer dich festgehalten hat«, sagte der Meister. Nach einer Woche kehrte der Schüler zurück und sagte: »Niemand hat mich festgehalten.« »Warum möchtest du dann befreit werden?« Für den Schüler war das ein Augenblick der Erleuchtung. Plötzlich wurde er frei.

Beschleunigung

DER MEISTER wurde gefragt, was er von den Errungenschaften der modernen Technik halte. Seine Antwort war: Einem zerstreuten Professor fiel in letzter Minute ein, dass er eine Vorlesung halten musste. Er sprang in ein Taxi und rief: »Los, fahren Sie, so schnell Sie können!« Als das Taxi in voller Fahrt war, merkte der Professor, dass er dem Fahrer gar nicht das Ziel angegeben hatte. »Wissen Sie denn, wohin ich möchte?« rief er ihm zu. »Nein, mein Herr«, sagte der Taxifahrer, »aber ich fahre, so schnell ich kann.«

ANDREW CARNEGIE, einer der reichsten Männer der Welt, wurde einmal gefragt: »Sie hätten doch wohl zu jeder Zeit aufhören können zu arbeiten, wenn Sie gewollt hätten?« Er erwiderte: »Ja, das stimmt. Aber ich konnte nicht aufhören. Ich hatte vergessen, wie man das macht.«

Bestätigung

DER MEISTER disputierte mit niemandem, wenn er merkte, dass sein Gegenüber nur eine Bestätigung seiner eigenen Auffassung suchte und nicht die Wahrheit.

Einmal führte er den Schülern den Wert eines Argumentes vor Augen:

»Fällt eine bestrichene Scheibe Brot mit der Butterseite nach unten oder nach oben?«

»Natürlich mit der Butterseite nach unten.«

»Nein, mit der Butterseite nach oben.«

»Probieren wir's doch aus!«

Also nahm er eine Scheibe Brot, bestrich sie mit Butter und warf sie hoch. Sie fiel – mit der Butterseite nach oben!

»Ich habe gewonnen!«

»Aber nur, weil ich einen Fehler gemacht habe.«

»Was für einen Fehler?«

»Ich habe offensichtlich die falsche Seite bestrichen.«

»Du hörst«, sagte der Meister, »nicht um zu entdecken, sondern um auf etwas zu stoßen, was dein eigenes Denken bestätigt. Du argumentierst, nicht um die Wahrheit zu finden, sondern um deine Ansichten zu verteidigen.«

Dann erzählte er die Geschichte von einem König, der einmal durch eine kleine Stadt zog und überall Anzeichen einer verblüffenden Schießkunst feststellte. Bäume, Zäune und Wände waren mit Kreisen bemalt und hatten genau in der Mitte ein Einschussloch. Er fragte, wo dieser Meisterschütze sei, der sich bald als ein zehnjähriger Junge entpuppte.

»Das ist doch unglaublich!« sagte der König erstaunt. »Wie um alles in der Welt bringst du das fertig?«

»Kinderleicht«, war die Antwort. »Ich schieße zuerst und male dann die Kreise.«

»Ebenso ziehst du zuerst deine Folgerungen und baust dann deine Prämissen um sie herum auf«, sagte der Meister. »Ist es nicht derselbe Weg, den du einschlägst, um an deiner Religion und deinen Theorien festzuhalten?«

Bewertungen

Der eine fühlt sich auch ohne Geld auf der Bank ganz sicher, der andere fühlt sich unsicher, obwohl er Millionen besitzt. Nicht die Menge des Geldes, sondern ihr Denkschema macht den Unterschied. Der eine hat praktisch keine Freunde, ist sich aber der Liebe der Menschen völlig sicher. Ein anderer fühlt sich selbst bei der besitzergreifendsten und ausschließlichsten Beziehung unsicher. Wieder bildet das Denkschema den Unterschied.

Wir leben mit den Ergebnissen von vielerlei Auswahlvorgängen, Filtern und Subjektivismen. Was existiert denn tatsächlich in unseren Köpfen? Wir fügen den Bildern unsere Gedankengebilde und Werturteile hinzu: »Das ist gut, jenes schlecht, dieses ist richtig, jenes falsch.« In Wirklichkeit gibt es kein gut oder schlecht, weder bei Menschen noch in der Natur. Es gibt lediglich ein geistiges Werturteil, das der einen oder anderen Wirklichkeit auferlegt wird.

Der Meister legte seinen Schülern dar, dass Erleuchtung dann eintritt, wenn sie das nicht-deutende Sehen erlangt hätten.

Die Schüler wollten nun wissen, was deutendes Sehen sei. Der Meister erklärte es ihnen so:

Ein paar katholische Straßenarbeiter waren an einer Baustelle nicht weit weg von einem Bordell beschäftigt, als sie einen Rabbi in dem nicht gerade angesehenen Haus verschwinden sahen.

»Na ja, was kann man schon erwarten?« tuschelten sie einander zu.

Nach einer Weile schlüpfte ein Pastor durch die Tür. Nichts Überraschendes. »Was kann man schon erwarten?«

Daraufhin kam der katholische Pfarrer, der sein Gesicht mit dem Mantel bedeckte, bevor er in dem Haus verschwand. »Ist das nicht schrecklich? Eines dieser Mädchen muss ernsthaft erkrankt sein.«

Bewusstheit

SIND SIE schon einmal auf den Gedanken gekommen, dass Sie auch bei aller Anspannung glücklich sein können? … Ist man verkrampft, achtet man nur auf seine Verkrampfung. Sie werden sich selbst nie verstehen, wenn Sie versuchen, sich zu ändern. Je mehr man versucht, sich zu ändern, umso schlimmer wird es. Sehen Sie Ihre Aufgabe darin, bewusst wahrzunehmen. Erspüren Sie das schrillende Telefon, erspüren Sie die gespannten Nerven; erspüren Sie das Gelenktwerden der Autoräder.

Mit anderen Worten: Kommen Sie zur Realität, und überlassen Sie die Verkrampfung und die Ruhe sich selbst. Sie werden nicht darum herumkommen, sie sich selbst zu überlassen, weil Sie genug damit zu tun haben werden, den Kontakt zur Wirklichkeit zu behalten. Schritt für Schritt, lassen Sie geschehen, was auch immer geschieht. Veränderung tritt tatsächlich ein, wenn sie nicht aus Ihrem Ego, sondern aus der Wirklichkeit kommt. Bewusstheit setzt die Wirklichkeit frei, Sie zu verändern. Das Bewusstwerden verändert Sie, aber diese Erfahrung müssen Sie machen.

Angenommen, dieses Stück Papier ist ein Scheck über eine Million Dollar. Ach, ich muss ihm entsagen, will ich das Evangelium befolgen, ich muss verzichten, wenn ich das ewige Leben erlangen will. Wollen Sie eine Gier durch eine andere – eine geistliche Gier – ersetzen? Vorher hatten Sie ein weltliches Ego, jetzt haben Sie ein geistliches, doch nach wie vor ein Ego, ein raffiniertes, und ein Ego, dem schwieriger beizukommen ist. Indem Sie auf etwas verzichten, binden Sie sich daran. Doch anstatt auf es zu verzichten, schauen Sie dieses Stück Papier an und sagen: »Ach, das ist doch kein Scheck über eine Million Dollar, das ist ein Fetzen Papier.« Und schon gibt es nichts mehr zu bekämpfen, auf nichts mehr zu verzichten.

Demut

Eines Tages kniete ein Bischof vor dem Altar nieder und begann, sich in einem Ausbruch religiöser Leidenschaft an die Brust zu schlagen und zu rufen: »Ich bin ein Sünder, hab Erbarmen mit mir! Ich bin ein Sünder, hab Erbarmen mit mir!« Der Ortspriester, der von diesem Beispiel an Demut inspiriert wurde, fiel neben dem Bischof auf die Knie, begann sich an die Brust zu schlagen und zu rufen: »Ich bin ein Sünder, hab Erbarmen mit mir! Ich bin ein Sünder, hab Erbarmen mit mir!«

Der Küster, der zufällig in der Kirche war, war so bewegt, dass er sich nicht zurückhalten konnte. Auch er fiel auf die Knie, schlug sich an die Brust und rief: »Ich bin ein Sünder, hab Erbarmen mit mir!«

Worauf der Bischof den Priester anstieß, auf den Küster zeigte und lächelnd sagte: »Sehen Sie mal, wer da denkt, er sei ein Sünder.«

Es WAR einmal ein alter Sufi, der seinen Lebensunterhalt mit dem Verkauf von allerlei Krimskrams verdiente. Er schien nicht sehr kritisch zu sein, denn die Käufer bezahlten häufig mit Falschgeld, das er widerspruchslos akzeptierte, oder sie behaupteten, schon bezahlt zu haben, und auch wenn es nicht stimmte, protestierte er nicht.

Als seine letzte Stunde nahte, hob er die Augen zum Himmel und sagte: »Oh Allah, ich habe von den Menschen so manches Falschgeld angenommen, habe sie aber in meinem Herzen nicht verurteilt. Ich habe einfach vorausgesetzt, sie wüssten nicht, was sie täten. Auch ich bin Falschgeld, bitte verurteile mich nicht.«

Drogen

Stellen Sie sich einmal ein kleines Kind vor, das eine Droge probieren darf. Es wächst heran, und im Laufe der Zeit wird es süchtig. Der Körper schreit nach der Droge. Ohne sie zu leben, ist so schmerzhaft, dass es lieber sterben möchte.

Sie und ich sind wie dieses Kind; wir hängen von der Droge »Zustimmung«, »Wertschätzung«, »Erfolg«, »Akzeptiertsein«, »Beliebtsein« ab. Haben Sie die Droge einmal in sich, kann die Gesellschaft Sie kontrollieren, und Sie sind zum Roboter geworden. (…)

Wenn Sie einen Fehler gemacht haben oder zurückgewiesen werden, empfinden Sie eine schreckliche Leere. In dieser Einsamkeit schleppen Sie sich dahin und betteln um die Droge »Ermutigung« oder »Akzeptiertsein« und werden nach wie vor kontrolliert. Gibt es einen Ausweg? Eine Folge dieser Droge ist, dass Sie die Fähigkeit verloren haben zu lieben. Wissen Sie weshalb? Weil Sie die Menschen nicht mehr sehen können. Sie registrieren nur noch, ob man Sie akzeptiert und ob man Ihnen zustimmt. Sie unterscheiden die Menschen nach den Kategorien: gefährlich oder förderlich für Ihre Droge.

Es besteht keine Notwendigkeit, bekannt und beliebt zu sein. Man muss nicht geliebt oder akzeptiert werden. Man muss nicht in herausragender Position oder besonders bedeutend sein. Das alles sind keine menschlichen Grundbedürfnisse, sondern Wünsche des Ego, des konditionierten, beeinflussten Ich. Etwas, das sehr tief in Ihnen verwurzelt ist, nämlich Ihr wahres Ich, hat an diesen Dingen überhaupt kein Interesse. Denn es hat schon alles, was es braucht, um glücklich zu sein. Sie müssen sich nur Ihre Anhänglichkeiten bewusst machen, die Trugbilder, die sie sind. Dann werden Sie auf dem Weg in die Freiheit sein.

Ego

Wer lebt in Ihnen? Es dürfte Sie ziemlich erschrecken, wenn Sie das erfahren. Sie meinen, Sie sind frei, doch dürfte es keine Geste, keinen Gedanken, keine Gefühlsregung, keine Einstellung, keine Meinung geben, die nicht von einem anderen stammt. Ist das nicht erschreckend? Und Sie wissen es nicht einmal. Ein mechanisches Leben wurde Ihnen da übergestülpt! Sie vertreten in vielen Dingen einen klaren Standpunkt und denken, dass Sie es sind, die diesen Standpunkt haben, doch sind Sie es wirklich? Sie brauchen viel Einsicht, um zu verstehen, dass dieses Etwas, das Sie »Ich« nennen, einfach eine Anhäufung Ihrer vergangenen Erfahrungen ist, Ihrer unbewussten Beeinflussung und Programmierung.

Eine schmerzliche Feststellung. Wenn Sie beginnen aufzuwachen, erfahren Sie tatsächlich viel Schmerz: Es schmerzt, wenn man sieht, wie Illusionen zerplatzen. Alles, wovon Sie glaubten, Sie hätten es aufgebaut, stürzt zusammen, und das tut weh. Das ist im Grunde Reue, und das ist wirkliches Erwachen.

Es kommt nicht darauf an zu wissen, wer oder was das »Ich« ist; Sie werden es sowieso nicht herausfinden. Es gibt keine Worte dafür. Worauf es wirklich ankommt, ist, sich von den Schubladen, in die man es steckt, zu trennen. Die japanischen Meister des Zen sagen in diesem Sinne: »Suche nicht nach der Wahrheit, trenne dich nur von deinen Meinungen.« Trennen Sie sich von Ihren Theorien, suchen Sie nicht nach der Wahrheit. Die Wahrheit lässt sich nicht suchen. Wären Sie nicht so voreingenommen, würden Sie das wissen.

»Wie froh der Meister aussieht«, bemerkte ein Besucher. Sagte ein Schüler: »Man kommt immer froh daher, hat man erst einmal die Last abgeworfen, die Ego heißt.«

Eigentum

Es waren einmal zwei Mönche, die schon vierzig Jahre lang zusammenlebten und noch nie miteinander gestritten hatten. Auch nicht ein einziges Mal hatte es nur den kleinsten Zank gegeben. Eines Tages sagte der eine Mönch zum anderen: »Meinst du nicht auch, es wird Zeit, dass wir wenigstens einmal miteinander streiten ?«

Darauf erwiderte der andere: »Mir soll's recht sein, also los!

Worüber sollen wir denn streiten?« »Was hältst du von dem Brot hier?« »Ich habe nichts dagegen, streiten wir uns also um dieses Brot. Und wie?«

»Dieses Brot ist meines, es gehört mir«, stellte der eine Mönch kategorisch fest. Worauf der andere sagte: »Wenn das so ist, behalte es.«

Frieden wird nicht zwangsläufig durch Zank oder Streit zerstört. Was den Frieden zerstört, ist das Ich. Dies oder das gehört mir, und ich werde es mit niemandem teilen. Sobald Sie sich diese Einstellung des Festhaltens und des Egoismus zu eigen machen, bleibt Ihr Herz auf der Strecke und verhärtet. Das ist der große Feind des Friedens: ein Herz, das klammert, das verhärtet und egoistisch ist.

Alles Übel auf der Welt hat nur eine Ursache: »Das gehört mir!«

Eine Geschichte der Bhagawata Purana: Eine Krähe erhob sich einst in den Himmel mit einem Stück Fleisch im Schnabel. Zwanzig Krähen flogen auf, sie zu verfolgen, und griffen sie erbittert an. Schließlich ließ die Krähe das Stück Fleisch fallen. Darauf ließen die Verfolger von ihr ab und flogen kreischend dem Stück Fleisch nach. Sagte die Krähe: »Jetzt ist es friedlich hier oben. Der ganze Himmel gehört mir.« Sagte ein Zen-Mönch: »Als mein Haus abbrannte, behinderte nichts meine Sicht auf den nächtlichen Mond.«

Einfachheit

WENN EIN Mensch beginnt, tiefer nach innen zu leben, lebt er einfacher nach außen. Aber leider bringt einfaches Leben nicht zwangsläufig Tiefe mit sich.

DER MEISTER missbilligte stets alles, was den Anschein des Sensationellen hatte. Das Göttliche, behauptete er, findet man nur im Gewöhnlichen. Einem Schüler, der Formen der Askese zu praktizieren versuchte, die ans Groteske grenzten, hörte man den Meister sagen: »Heiligkeit ist etwas Geheimnisvolles: je größer sie ist, desto weniger fällt sie auf.«

Einheit

Ein Schäfer weidete seine Schafe, als ihn ein Spaziergänger ansprach. »Sie haben aber eine schöne Schafherde. Darf ich Sie etwas in Bezug auf die Schafe fragen?« – »Natürlich«, sagte der Schäfer.

Sagte der Mann: »Wie weit laufen Ihre Schafe ungefähr am Tag?« – »Welche, die weißen oder die schwarzen?« – »Die weißen.« – »Die weißen laufen ungefähr vier Meilen täglich.« – »Und die schwarzen?« — »Die schwarzen genauso viel.«

»Und wie viel Gras fressen sie täglich?« – »Welche, die weißen oder die schwarzen?« – »Die weißen.« – »Die weißen fressen ungefähr vier Pfund Gras täglich.« – »Und die schwarzen?« »Die schwarzen auch.«

»Und wie viel Wolle geben sie ungefähr jedes Jahr?« – »Welche, die weißen oder die schwarzen?« »Die weißen.« – »Nun ja, ich würde sagen, die weißen geben jedes Jahr ungefähr sechs Pfund Wolle zur Schurzeit.« – »Und die schwarzen?« – »Die schwarzen genauso viel.«

Der Spaziergänger war erstaunt. »Darf ich Sie fragen, warum Sie die eigenartige Gewohnheit haben, Ihre Schafe bei jeder Frage in schwarze und weiße aufzuteilen?«

»Das ist doch ganz natürlich«, erwiderte der Schäfer, »die weißen gehören mir, müssen Sie wissen.«

»Ach so! Und die schwarzen?«

»Die schwarzen auch«, sagte der Schäfer.

Ent-Täuschung

Sie vertrauen nie jemandem. Sie vertrauen nur Ihrem Urteil, das Sie sich über einen bestimmten Menschen gebildet haben. Worüber beklagen Sie sich also? In Wirklichkeit geben Sie nicht gern zu: »Mein Urteil war aus der Luft gegriffen.« Das ist nicht sehr schmeichelhaft für Sie, nicht wahr? Lieber sagen Sie: »Wie konntest du mich bloß im Stich lassen?«

Die einzige Ursache Ihres Kummers und Leids liegt in Ihren Vorstellungen davon, wie sich die anderen Ihnen gegenüber verhalten müssten, wobei für Sie klar ist, dass Sie mit Ihren Vorstellungen richtig liegen. Sie leiden nicht deswegen, was andere tun und lassen, sondern weil Sie erwarten, dass sie etwas tun oder lassen müssten und diese Erwartungen enttäuscht werden. Ihre eigenen Erwartungen verletzen Sie.

Erleuchtung

»WAS BRACHTE euch die Erleuchtung?«

»Freude.«

»Und was ist Freude?«

»Die Erkenntnis, dass alles zu verlieren nichts weiter bedeutet, als ein Spielzeug verloren zu haben.«

»WAS IST die Ursache des Bösen?«

»Unwissenheit«, sagte der Meister.

»Und wie wird sie beseitigt?«

»Nicht durch Anstrengung, sondern durch Licht; durch Verstehen, nicht durch Handeln.«

Und nach einer Weile fügte der Meister hinzu: »Das Zeichen des Erleuchtetseins ist Friede – du hörst auf zu fliehen, sobald du erkennst, dass du nur von den Trugbildern verfolgt wirst, die deine Ängste erfunden haben.«

Erwachsen werden

Zu einem Schüler, der ständig am Beten war, sagte der Meister: »Wann wirst du aufhören, dich auf Gott zu stützen und lernen, auf eigenen Füßen zu stehen?« Der Schüler war erstaunt: »Aber gerade Ihr habt uns gelehrt, Gott als unseren Vater anzusehen!« – »Wann wirst du lernen, dass ein Vater nicht jemand ist, auf den man sich stützen kann, sondern jemand, der dich von deinem Anlehnungsbedürfnis befreit?«

In seiner Jugend verließ der Meister sein Elternhaus, um auf die Suche nach Weisheit zu gehen. Seine Abschiedsworte waren: »An dem Tag, da ich sie gefunden habe, lasse ich es euch wissen.« Viele Jahre später schien es ihm ganz und gar unwichtig, es sie zu Hause wissen zu lassen. Als er das nämlich einsah, hatte er ganz ohne sein Wissen die Weisheit gefunden.

Fehler

EINEM SCHÜLER, der sich schrecklich fürchtete, Fehler zu machen, sagte der Meister:

»Diejenigen, die keine Fehler machen, machen den größten aller Fehler: sie versuchen nichts Neues.«

Festhalten

Er dachte, das Wesentliche sei, arm und enthaltsam zu leben. Es war ihm nie klar geworden, wie entscheidend wichtig es war, sein Ego aufzugeben. Denn das Ego wächst und gedeiht, ob man nun der Heiligkeit dient oder Frau Welt, nährt sich von Armut und von Reichtum, von Enthaltsamkeit und Luxus. Es gibt nichts, das das Ego nicht ergreift, um sich aufzublasen. Schüler: »Ich bin zu Euch gekommen mit nichts in den Händen.«

Meister: »Dann lass es sofort fallen.«

Schüler: »Aber wie kann ich es fallen lassen? Es ist nichts.«

Meister: »Dann musst du es eben mit dir herumtragen!«

Du kannst dein Nichts zu einem Besitz machen und deinen Verzicht wie eine Trophäe herumzeigen. Deinen Besitz brauchst du nicht aufzugeben. Gib dein Ego auf.

Freigeben

An jenem Tag bestand des Meisters Predigt nur aus einem rätselhaften Satz.

Er lächelte bitter und begann: »Ich sitze hier bloß am Flussufer und verkaufe Flusswasser.«

Und damit beendete er seine Predigt.

Er hatte seinen Verkaufsstand am Ufer aufgebaut, und es kamen Tausende, um Wasser von ihm zu kaufen. Der ganze Erfolg seines Geschäftes beruhte darauf, dass sie den Fluss nicht sahen. Als sie ihn schließlich bemerkten, machte er kein Geschäft mehr.

Der Prediger war ein großer Erfolg. Tausende kamen, um von ihm Weisheit zu lernen. Als sie die Weisheit bekommen hatten, kamen sie nicht mehr zu seinen Predigten. Und der Priester lächelte zufrieden, denn er hatte sein Ziel erreicht, nämlich sich so schnell wie möglich davon zu machen, weil er genau wusste, er bot den Leuten nur an, was sie schon besaßen, wenn sie nur die Augen aufmachten, um zu sehen. »Wenn ich nicht gehe«, sagte Jesus zu seinen Jüngern, »wird der Heilige Geist nicht kommen«.

Wenn man aufhörte, Wasser zu verkaufen, hätten die Menschen vielleicht eine größere Chance, den Fluss zu sehen.

Freude

König Pyrrhus von Epirus wurde von seinem Freund Cyneas gefragt: »Wenn Ihr Rom erobert, was werdet Ihr dann als nächstes unternehmen?«

Pyrrhus erwiderte: »Sizilien liegt ganz in der Nähe und wird leicht zu erobern sein.«

»Und was werden wir tun, wenn Sizilien genommen ist?«

»Dann werden wir nach Afrika übersetzen und Karthago plündern.«

»Und nach Karthago?«

»Dann kommt Griechenland an die Reihe.«

»Und, wenn ich fragen darf, was wird am Ende all dieser Eroberungen stehen?«

»Dann«, erwiderte Pyrrhus, »können wir uns in Ruhe des Lebens freuen.«

»Könnten wir das nicht schon jetzt tun«, sagte Cyneas.

Frieden

EINEM SICH ständig über andere beklagenden Schüler sagte der Meister: »Wenn du wirklich Frieden haben willst, versuche, dich selbst zu ändern, nicht die anderen. Es ist einfacher, deine Füße mit Hausschuhen zu schützen, als die ganze Erde mit Teppichen auszulegen.«

»WAS IST das Ziel deiner Suche?«

»Frieden«, sagte der Gast. »Denjenigen, die suchen, ihr eigenes Ich zu schützen, bringt Frieden nur Unruhe.«

Und zu einer Gruppe frommer Leute, die zu ihm kamen, um ihn anzugaffen und um einen Segen zu bitten, sagte der Meister: »Möge der Friede Gottes euch stets beunruhigen.«

JEDER MENSCH trägt Gedanken in sich, die ihm auf der Stelle Frieden bringen können. Ich suche die meinigen.

Gebet

Als Bruder Bruno eines Nachts betete, fühlte er sich durch das Quaken eines Ochsenfrosches gestört. Er versuchte, es nicht zu beachten, doch umsonst. Wütend schrie er aus dem Fenster: »Ruhe! Ich bete gerade.«

Bruder Bruno war ein Heiliger, und so wurde sein Befehl sofort befolgt. Alle Kreatur verstummte, damit eine dem Gebet dienliche Stille einkehren konnte.

Aber nun drängte sich ein anderer Laut in Brunos Gebete – eine innere Stimme, die ihm sagte: »Vielleicht gefällt Gott das Quaken dieses Frosches genauso wie der Gesang deiner Psalmen.«

»Was kann Gott am Quaken eines Frosches gefallen?«, erwiderte Bruno spöttisch.

Doch die Stimme gab nicht nach: »Warum glaubst du, hat Gott diesen Laut geschaffen?«

Bruno beschloss, eben dies herauszufinden. Er beugte sich aus dem Fenster und befahl:

»Sing!« Das bedächtige Gequake des Frosches erfüllte wieder die Luft und wurde von allen Fröschen der Nachbarschaft vielstimmig aufgenommen. Und als Bruder Bruno die Laute auf sich wirken ließ, klangen die Stimmen, da er sich nicht länger gegen sie sträubte, durchaus nicht mehr schrill, sondern verschönerten tatsächlich die nächtliche Stille.

Diese Entdeckung brachte Bruder Brunos Herz in Einklang mit dem Universum, und er verstand zum ersten Mal in seinem Leben, was beten heißt.

Gelassenheit

»WENN JEMAND zu mir kommt und nicht Vater und Mutter, Frau und Kinder, Brüder und Schwestern gering achtet,… wenn er nicht auf seinen ganzen Besitz verzichtet, kann er nicht mein Jünger sein« (Lukas 14,26.33). Man muss alles loslassen. Es ist wohlgemerkt kein physischer Verzicht, das wäre ja einfach. Wenn Ihre Illusionen schwinden, kommen Sie schließlich zur Wirklichkeit; und Sie können mir glauben: Sie werden nie mehr einsam sein, nie mehr. Einsamkeit lässt sich nicht durch menschliche Gesellschaft beseitigen. Einsamkeit wird durch Nähe zur Wirklichkeit aufgehoben. Dazu ließe sich noch viel sagen. Nähe zur Wirklichkeit, Illusionen aufgeben, zum Wirklichen kommen. Was auch immer es sei, es hat keinen Namen. Wir können es nur dadurch erfahren, dass wir vom Unwirklichen lassen. Man kann nur wissen, was Alleinsein ist, wenn man sein Anklammern und seine Abhängigkeiten aufgibt.

Viele unserer Schwierigkeiten, unserer positiven wie negativen Gefühle sind das Ergebnis unserer Konditionierung. Ein spiritueller Mensch zu sein bedeutet zu begreifen, dass man selbst nicht vollkommen eins ist mit seinen Depressionen und Ängsten. Ein spiritueller Mensch zu sein bedeutet nicht, keine Depressionen und Ängste mehr zu haben, sondern: diese und alles, was einem kommt, wahrzunehmen – und dann kommen und gehen zu lassen. Nehmen wir den Fall eines Menschen mit einem starken Minderwertigkeitskomplex. Was immer er tut, es wird ihn verwirren und verunsichern. Kann dieser Mensch überhaupt erleuchtet und ein spiritueller Mensch werden? Natürlich. Auch mit allen seinen psychischen Macken kann er ein sehr spiritueller Mensch sein, vorausgesetzt, er durchschaut seinen Komplex und seine Ängste und Irritationen als Wolken, die kommen und gehen.

Gelingen

Ein Holzschnitzer namens Ching hatte gerade die Arbeit an einem Glockenstuhl beendet. Alle, die ihn sahen, staunten, denn es war ein begnadetes Werk. Als der Herzog von Lu es erblickte, sagte er: »Was ist das für eine Begabung, die Euch ein solches Meisterwerk vollbringen lässt?« Der Holzschnitzer erwiderte: »Sir, ich bin nur ein einfacher Handwerker, ich bin kein Genie. Wenn ich einen Glockenstuhl machen will, meditiere ich drei Tage, um meine Gedanken zu beruhigen. Wenn ich drei Tage meditiert habe, denke ich nicht mehr an Belohnung oder Vergütung. Wenn ich fünf Tage meditiert habe, denke ich nicht mehr an Lob oder Tadel, an Geschicklichkeit oder Unbeholfenheit. Wenn ich sieben Tage meditiert habe, vergesse ich plötzlich meine Glieder, meinen Körper, ja, mein ganzes Selbst. Ich weiß nichts mehr von meinem Arbeitsplatz und meiner Umgebung. Nur mein Können bleibt. In diesem Zustand gehe ich in den Wald und prüfe jeden Baum, bis ich einen finde, in dem ich den Glockenstuhl in seiner ganzen Vollkommenheit sehe. Dann machen sich meine Hände an die Arbeit. Da ich mein Selbst beiseite geschoben habe, trifft Natur auf Natur in der Arbeit, die durch mich getan wird. Das ist zweifellos der Grund, warum jeder sagt, das fertige Produkt sei ein begnadetes Werk.«

Es GIBT einen schönen Satz von Tranxu, einem großen chinesischen Weisen, den ich mir gut gemerkt habe. Er lautet: »Wenn der Bogenschütze schießt, ohne einen besonderen Preis gewinnen zu wollen, kann er seine ganze Kunst entfalten; schießt er, um eine Bronzemedaille zu erringen, fängt er an, unruhig zu werden; schießt er um den ersten Preis, wird er blind, sieht zwei Ziele und verliert die Beherrschung. Sein Können ist dasselbe, aber der Preis spaltet ihn.«

Geschichten

Der Meister kleidete seine Lehre in Gleichnisse und Geschichten, denen seine Schüler mit Vergnügen – und gelegentlicher Ernüchterung zuhörten, denn ihnen stand der Sinn nach Tieferem.

Der Meister blieb unbewegt. Ihren Einwänden pflegte er zu begegnen, indem er sagte: »Ihr müsst noch begreifen lernen, meine Lieben, dass die kürzeste Entfernung zwischen einem Menschen und der Wahrheit eine Geschichte ist.«

Ein andermal sagte er: »Verachtet nicht die Geschichten. Eine verlorene Goldmünze findet man mit Hilfe einer billigen Kerze; die tiefste Wahrheit mit Hilfe einer einfachen Geschichte.«

Gewohnheit

In der Fabrik war Mittagspause, und ein Arbeiter öffnete trübselig sein Lunchpaket. »Ach nein«, sagte er laut, »schon wieder Käsebrote.« So ging es zwei-, drei-, viermal hintereinander. Dann sagte ein Kollege, der das Gebrumme des Mannes gehört hatte: »Wenn du Käsebrote so sehr hasst, warum sagst du dann nicht deiner Frau, sie solle dir andere Schnitten machen?«

»Weil ich nicht verheiratet bin. Ich mache mir diese Brote selbst.«

Was ist nötig, um die Dinge auf eine neue Art und Weise zu sehen? Man braucht keine Kraft, man muss nicht irgendwie nützlich sein, man braucht kein Selbstvertrauen, keine Willenskraft, keine Anstrengung. Man braucht nur den guten Willen, das Ungewöhnliche zu sehen; den guten Willen, etwas Neues zu sehen. Und das ist das Letzte, was der Mensch will.

Glaube

Offensein für die Wahrheit, was auch immer sich daraus ergeben mag, wohin auch immer sie einen führen wird. Das ist Vertrauen. Nicht Überzeugung, sondern Glaube. Ihre Überzeugungen mögen Ihnen viel Sicherheit geben, aber Glaube ist Unsicherheit. Sie wissen nicht. Sie sind bereit zu folgen und sind offen, ganz offen! Sie sind bereit zuzuhören. Und offen zu sein heißt nicht, leichtgläubig zu sein, heißt nicht, alles zu schlucken, was einem gerade gesagt wird. Durchaus nicht. Sie müssen alles, was ich sage, in Frage stellen, doch aus einer offenen und keiner verbohrten Einstellung heraus. Denken Sie an das großartige Wort von Buddha: »Mönche und Gelehrte dürfen meine Worte nicht aus Respekt annehmen, sie müssen sie aufgliedern und bearbeiten, wie der Goldschmied Gold bearbeitet – durch Sägen, Gravieren, Löten und Schmelzen.«

Glück

Wenn man glücklich sein möchte, kann man es augenblicklich sein, denn das Glück liegt in diesem Augenblick. Wenn man jedoch noch glücklicher sein will, oder glücklicher als die anderen, zeigt man alle Eigenschaften eines unglücklichen Menschen, denn Glück ist unvergleichlich. Solche Wünsche sind unerfüllbar. Man kann nur so glücklich sein wie man selbst ist; das Glück der anderen lässt sich nicht messen.

Möchten Sie glücklich sein? Ununterbrochenes Glück hat keine Ursache. Wahres Glück hat keine Ursache. Sie können mich nicht glücklich machen. Sie sind nicht mein Glück. Wenn Sie jemanden, der erwacht ist, fragen: »Warum sind Sie glücklich?«, wird er antworten: »Warum nicht?«

Glück ist unser natürlicher Zustand. Glück ist der natürliche Zustand kleiner Kinder, ihnen gehört das Königreich, bis die Dummheit der

Gesellschaft und Kultur sie angesteckt und verdorben hat. Um das Glück zu erlangen, müssen Sie gar nichts tun, denn das Glück kann man nicht erlangen. Wissen Sie auch warum? Weil wir es schon haben. Wie soll man auch etwas erlangen, was man schon besitzt? Aber warum erfahren Sie es dann nicht? Weil Sie zuerst etwas verlieren müssen, und zwar Ihre Illusionen.

»Das Glück ist ein Schmetterling«, sagte der Meister. »Jag ihm nach, und er entwischt dir. Setz dich hin, und er lässt sich auf deiner Schulter nieder.«

»Was soll ich also tun, um das Glück zu erlangen?«

»Hör auf, hinter ihm her zu sein.«

»Aber gibt es nichts, was ich tun kann?«

»Du könntest versuchen, dich ruhig hinzusetzen, wenn du es wagst.«

Gott

Es beunruhigte einige Schüler, dass der Meister sich kaum darüber Sorgen machte, ob Leute an einen personalen Gott glaubten oder nicht.

Er zitierte ihnen einmal einen Satz, für den er eine besondere Vorliebe hatte; er entstammt dem Tagebuch Dag Hammarskjölds, dem 1961 in Afrika ums Leben gekommenen Generalsekretär der Vereinten Nationen:

»Gott stirbt nicht an dem Tag, an dem wir nicht mehr an eine personale Gottheit glauben. Vielmehr sterben wir an dem Tag, an dem unser Leben nicht mehr vom beständigen Glanz der täglich erneuerten Wunder erhellt wird, deren Quellen jenseits aller Vernunft liegen« (Wegzeichen).

Einem Priester, der ständig wiederholte: »Wir müssen Gott in unser Leben aufnehmen«, sagte der Meister: »Er ist schon da. Für uns geht es darum, das zu erkennen.«

Der Mystiker war aus der Wüste zurückgekehrt. Begierig fragten sie: »Sag uns, wie ist Gott?«

Aber wie könnte er je in Worte kleiden, was er in den Tiefen seines Herzens erfahren hatte? Kann man Wahrheit in Worte fassen?

Schließlich gab er ihnen eine Formel – ungenau und unzulänglich – in der Hoffnung, einige dadurch zu veranlassen, selbst zu suchen, was er erfahren hatte.

Sie klammerten sich an die Formel. Sie machten einen heiligen Text daraus. Sie drängten es jedem als heiligen Glauben auf. Sie gaben sich große Mühe, ihn in fremden Landen zu verbreiten. Und einige opferten sogar ihr Leben dafür.

Und der Mystiker war traurig. Vielleicht hätte er besser geschwiegen.

Güte

Der Meister und ein Schüler begegneten unterwegs einem Blinden, der am Straßenrand saß und bettelte. Sagte der Meister: »Gib dem Mann ein Almosen!«

Der Schüler warf eine Münze in den Hut des Bettlers.

Sagte der Meister: »Du hättest deinen Hut ziehen sollen als Zeichen des Respekts.«

»Warum?« wollte der Schüler wissen.

»Man sollte es immer tun, wenn man ein Almosen gibt.«

»Aber der Mann war doch blind!«

»Man kann es nie wissen«, erwiderte der Meister, »vielleicht war er ein Schwindler.«

Was für Gedanken machen mich warm und gütig und vertreiben Hass und Ärger aus meinem Herzen?

Harmonie

VON DEM Zen-Meister Bankei sagt man, er habe keine Schule begründet. Er hinterließ keine Bücher und keine Schüler. Er war wie ein Vogel, von dessen Flug über den Himmel keine Spur zurückblieb. Man sagte von ihm, »kein Grashalm bewege sich, wenn er einen Wald betrat; keine Welle entstehe, wenn er durch Wasser schritt.«

Er belastete die Erde nicht. Keine Heldentat, keine Eroberung, Leistung oder Spiritualität ist damit zu vergleichen: die Erde nicht belastet zu haben.

Heilige Schrift

Ein gelehrter Mann kam einst zu Buddha und sagte: »Was Ihr lehrt, Sir, steht nicht in den Heiligen Schriften.«

»Dann fügt Ihr es doch in die Schriften ein«, sagte Buddha.

Nach einer verlegenen Pause fuhr der Mann fort: »Darf ich mir die Kühnheit erlauben, Sir, anzudeuten, dass einiges von dem, was Ihr lehrt, den Heiligen Schriften direkt widerspricht?«

»Dann berichtigt die Schriften«, sagte Buddha.

Den Vereinten Nationen wurde ein Vorschlag unterbreitet, die Heiligen Bücher aller Religionen der Welt zu überprüfen. Alles, was zu Intoleranz, Grausamkeit oder Fanatismus führen könnte, sollte gestrichen werden. Alles, was irgendwie gegen die Würde und das Wohlergehen der Menschen gerichtet wäre, sollte ausgelassen werden.

Als sich herausstellte, dass Jesus Christus selbst diesen Vorschlag gemacht hatte, stürzten Reporter zu seiner Residenz, um nähere Erläuterungen zu bekommen. Seine Erklärung war einfach und kurz: »Die Heiligen Schriften sind wie der Sabbat für den Menschen gemacht«, sagte er, »nicht der Mensch für die Schriften.«

Heilung

Zu einem bekümmerten Menschen, der sich an ihn um Hilfe wandte, sagte der Meister: »Willst du wirklich Heilung?«

»Wenn nicht, würde ich mir dann die Mühe machen, zu Euch zu kommen?«

»Oh ja, die meisten Menschen tun das.«

»Wozu?«

»Nicht wegen der Heilung, die tut weh, sondern um Erleichterung zu finden.«

Seinen Schülern sagte der Meister: »Menschen, die Heilung wollen, vorausgesetzt, sie können sie ohne Schmerzen haben, gleichen jenen, die für den Fortschritt eintreten, vorausgesetzt, sie können ihn ohne Veränderung bekommen.«

Herz

VORURTEILE UND feste Ansichten sind nicht die einzigen Gegenspieler klaren Denkens. Auch auf ein anderes Gegnerpaar ist zu achten: das Begehren und die Angst. Ein Denken, das nicht von Gefühlen angesteckt ist – vom Begehren, von der Angst und der Selbstsucht –, verlangt eine strenge Askese. Viele nehmen irrtümlich an, dass Denken nur mit dem Kopf geschieht; tatsächlich geschieht es zuerst mit dem Herzen, das eine Folgerung zieht und dann dem Kopf befiehlt, dafür Begründungen zu liefern. (…) Sie werden feststellen, dass es nicht allein Intelligenz ist, was klares Denken verlangt. Vielmehr braucht es Mut, um Angst und Begehren erfolgreich zu überwinden. Denn Ihr Herz wird, sobald Sie etwas begehren oder sich vor etwas ängstigen, sich – bewusst oder unbewusst – Ihrem Denken in den Weg stellen.

Eines Tages war Gott der Menschen überdrüssig. Ständig plagten sie ihn, wollten alles Mögliche von ihm. Also sprach Gott: »Ich werde weggehen und mich eine Weile verstecken.« Er versammelte alle seine Ratgeber um sich und fragte: »Wo soll ich mich verstecken?«

Einige rieten: »Verstecke dich auf dem höchsten Berggipfel der Welt.« Andere hingegen: »Nein, verbirg dich lieber am tiefsten Meeresgrund, dort werden sie dich nie suchen.«

Wieder andere empfahlen: »Verstecke dich auf der dunklen Seite des Mondes, das ist das sicherste Versteck. Wer sollte dich dort finden?«

Schließlich wandte sich Gott an seinen klügsten und intelligentesten Engel: »Was rätst du mir, wo soll ich mich verstecken?«

Und der kluge und intelligente Engel erwiderte lächelnd: »Verstecke dich im menschlichen Herzen! Das ist der einzige Ort, auf den sie niemals kommen!«

Hören

Der Tempel hatte auf einer zwei Meilen in der offenen See gelegenen Insel gestanden. In ihm befanden sich tausend Glocken. Große und kleine, Glocken, von den besten Handwerkern der Welt gegossen. Wenn der Wind wehte oder ein Sturm wütete, begannen alle Glocken gleichzeitig zu ertönen und in einer Symphonie zusammenzuklingen, die das Herz des Hörers in Entzücken versetzte.

Aber im Laufe der Jahrhunderte versank die Insel im Meer und mit ihr der Tempel und die Glocken. Nach einer alten Überlieferung ertönten die Glocken auch weiterhin, unaufhörlich, und jeder konnte sie hören, der aufmerksam lauschte. Beflügelt von dieser Überlieferung, reiste ein junger Mann Tausende von Meilen, um dieses Wunder zu hören. Tagelang saß er an der Küste, der Stelle gegenüber, wo der Tempel einst gestanden hatte, und lauschte – lauschte mit allen Fasern seines Herzens. Aber er hörte nur die sich am Strand brechenden Wellen. Er bemühte sich immer wieder, das Brausen der Wellen zu verdrängen, damit er die Glocken hören konnte. Aber vergeblich; das Rauschen des Meeres schien das Universum zu überfluten.

Viele Wochen blieb er seiner Aufgabe treu. Wenn er entmutigt war, pflegte er den Worten der Dorf-Pandits zu lauschen, die überschwenglich die Legende der Tempelglocken erzählten und jene erwähnten, die sie gehört und damit ihre Wahrheit bekräftigt hatten. Und sein Herz begann zu brennen, als er ihre Worte hörte, nur um wieder entmutigt zu sinken, als wochenlanges Bemühen nichts ergab.

Schließlich beschloss er, den Versuch aufzugeben. Vielleicht war es ihm nicht bestimmt, zu den Glücklichen zu gehören, die die Glocken vernehmen konnten. Vielleicht stimmte die Legende nicht. Er wollte nach Hause zurückkehren und seinen Misserfolg eingestehen. Am letzten Tag ging er zu seinem Lieblingsplatz am Strand, um sich von der See, dem Himmel, dem Wind und den Kokospalmen zu verabschieden.

Er lag im Sand, blickte in den Himmel und lauschte dem Rauschen des Meeres. An diesem Tag sträubte er sich nicht gegen das Rauschen. Im Gegenteil, er gab sich ihm hin und empfand das Tosen der Wellen angenehm und beruhigend. Bald hatte er sich so in diesem Klang verloren, dass er sich seiner selbst kaum mehr bewusst war, so tief war die Stille in seinem Herzen geworden.

In der Tiefe dieser Stille hörte er es! Das helle Klingeln einer winzigen Glocke, gefolgt von einer anderen und noch einer anderen und wieder einer anderen … und bald ertönten alle tausend Tempelglocken in wunderbarem Zusammenklang, und sein Herz war außer sich vor Freude und Staunen.

Wenn du die Tempelglocken hören willst, lausche dem Klang des Meeres. Wenn du Gott sehen willst, sieh dir die Schöpfung mit offenen Augen an. Lehne sie nicht ab, grübele nicht darüber nach. Sieh sie dir einfach an.

Identifikation

IDENTIFIZIEREN SIE sich mit nichts. Jemand fragte mich vorhin: »Sind Sie denn nie bedrückt?« Und ob ich bedrückt bin. Ich habe oft regelrechte Anfälle von Bedrücktsein, die aber nicht lange anhalten, wirklich nicht. Was mache ich also? Erstens: Ich identifiziere mich nicht damit. Ich spüre, wie mich ein bedrückendes Gefühl befällt. Anstatt nun aber angespannt und nervös zu werden und mich über mich selbst zu ärgern, erkenne ich, dass ich deprimiert bin, enttäuscht, oder was auch immer.

MACH DIR jeden Gedanken bewusst, den du denkst … Es kann leicht vorkommen, dass bald alle Gedanken fort sind, und dass dir nur noch der eine Gedanke bewusst ist: »Ausgerechnet-jetzt-habe-ich-keine-Gedanken-im-Kopf.« Nun achte auf den, der diese Gedanken beobachtet – oder auf den, der sie denkt … Mach dir klar, dass der Beobachter, das »Ich«, von den

Gedanken selbst unterschieden ist. Du kannst dir ausdrücklich sagen: »Meine Gedanken sind nicht ich … Ich bin nicht mein Denken …« Nimm wahr, was du in diesem Augenblick fühlst – oder erinnere dich an irgendein Gefühl von früher –, besonders an ein Unlustgefühl wie Angst, Furcht, Verletztsein, Mutlosigkeit, Schuld … Richte deine Aufmerksamkeit auf den, der das Gefühl beobachtet oder sich daran erinnert hat … Mach dir klar, dass der Beobachter, das »Ich«, etwas anderes ist als das beobachtete Gefühl. Du kannst dir ausdrücklich sagen: »Ich bin nicht das Gefühl.«

Was bedeutet das konkret? Es bedeutet, dass Sie das, was Ihnen passiert, nicht persönlich nehmen. Es heißt, die Dinge so zu betrachten, als hätten Sie keinen Bezug zu ihnen. Der Grund, weshalb Sie unter Ihrer Niedergeschlagenheit und Ihren Ängsten leiden, liegt darin, dass Sie sich mit ihnen identifizieren.

Ja

JAHRELANG WAR ich neurotisch. Ich war ängstlich und depressiv und selbstsüchtig. Und jeder sagte mir immer wieder, ich sollte mich ändern. Und jeder sagte mir immer wieder, wie neurotisch ich sei. Und sie waren mir zuwider, und ich pflichtete ihnen doch bei, und ich wollte mich ändern, aber ich brachte es nicht fertig, sosehr ich mich auch bemühte.

Was mich am meisten schmerzte, war, dass mein bester Freund mir auch immer wieder sagte, wie neurotisch ich sei. Auch er wiederholte immer wieder, ich sollte mich ändern.

Und auch ihm pflichtete ich bei, aber zuwider wurde er mir nicht, das brachte ich nicht fertig. Ich fühlte mich so machtlos und gefangen. Dann sagte er mir eines Tages: »Ändere dich nicht. Bleib, wie du bist. Es ist wirklich nicht wichtig, ob du dich änderst oder nicht. Ich liebe dich so, wie du bist. So ist es nun einmal.«

Diese Worte klangen wie Musik in meinen Ohren: ‚Ändere dich nicht, ändere dich nicht … ich liebe dich.' Und ich entspannte mich, und ich wurde lebendig, und Wunder über Wunder, ich änderte mich! Jetzt weiß ich, dass ich mich nicht wirklich ändern konnte, bis ich jemanden fand, der mich liebte, ob ich mich nun änderte oder nicht. Liebst du mich auf diese Weise, Gott?

Ein Wanderer: »Wie wird das Wetter heute?«

Der Schäfer: »So, wie ich es gerne habe.«

»Woher wisst Ihr, dass das Wetter so sein wird, wie Ihr es liebt?«

»Ich habe die Erfahrung gemacht, mein Freund, dass ich nicht immer das bekommen kann, was ich gerne möchte. Also habe ich gelernt, immer das zu mögen, was ich bekomme. Deshalb bin ich ganz sicher: Das Wetter wird heute so sein, wie ich es mag.«

Jetzt

IN FÜLLE leben bedeutet, in der Gegenwart zu leben. In der Gegenwart zu leben bedeutet, ganz im Hier und Jetzt da zu sein. (...) Sei da, wo du bist, und zwar voll und ganz. Das Leben ist nicht im Gestern. Es steckt auch nicht im Morgen. Es ist in der Gegenwart da. Das Gleiche gilt für die Liebe. Das Gleiche gilt für Gott. Lebe in der Gegenwart und spüre, wie das Leben jetzt ist. Das ewige Leben ist ein einziges Jetzt; folglich ist es hier und jetzt da.

BUDDHA WURDE einmal gefragt: »Wer ist heilig?« Er antwortete: »Jede Stunde ist in Sekunden eingeteilt und jede Sekunde in Sekundenbruchteile. Wer in jedem Bruchteil einer Sekunde voll bewusst gegenwärtig ist, ist wahrlich ein heiliger Mensch.«

Körper

Was würde Ihnen Ihr Körper sagen, wenn er sprechen könnte? Beobachten Sie die Gier, den Ehrgeiz, die Eitelkeit, die Wichtigtuerei und das Imponiergehabe, die Schuld, die Sie für die Stimme Ihres Körpers taub macht, während Sie allem nachjagen, was sich Ihr Ego als Ziel gesetzt hat.

Mit sich selbst Kontakt aufnehmen, indem man die Wahrnehmung seines Körpers erspürt, hilft, mit Gott ins Gespräch zu kommen, weil ruhige Selbstbeobachtung es uns ermöglicht, innerlich still und aufnahmebereit zu werden.

Lachen

Es gab kein wichtigtuerisches Gehabe um den Meister. Wildes, ausgelassenes Gelächter brach jedes Mal los, wenn er sprach, zum Entsetzen derer, die es mit ihrer Spiritualität – und mit sich selbst feierlich hielten.

Sagte ein enttäuschter Besucher: »Der Mann ist ein Clown.«

»Nein, nein«, sagte ein Schüler. »Du übersiehst den entscheidenden Punkt: ein Clown bringt dich über ihn zum Lachen, ein Meister bringt dich über dich selbst zum Lachen.

Ein andermal erklärte er:

»Wenn du imstande bist, dem Leben ins Gesicht zu lachen, erhältst du Macht über die Welt – genau wie derjenige, der darauf vorbereitet ist zu sterben.«

Leben

»Ein früherer Meister lehrte mich, Geburt und Tod anzunehmen.«

»Warum bist du dann zu mir gekommen?« fragte der Meister.

»Zu lernen, das anzunehmen, was dazwischen liegt.«

Wenn der Teich austrocknet,
und die Fische auf dem Trockenen liegen,
genügt es nicht,
sie mit dem eigenen Atem zu befeuchten
oder mit Speichel zu benetzen,
man muss sie zurückwerfen in den See.
Versucht nicht,
Menschen zu beleben durch Lehrmeinungen,
werft sie zurück in die Wirklichkeit.
Denn das Geheimnis des Lebens
findet man im Leben selbst,
nicht in Lehren über das Leben.

Leiden

Im Allgemeinen sagt man, dass es nur normal sei, Probleme zu haben, dass Leiden menschlich sei. In diesem Fall ist es besser, Ihnen einmal zu erklären, was Leiden überhaupt ist. Sie können Schmerzen haben und leiden oder Schmerzen haben und nicht leiden.

Ein Meister wurde von seinem Schüler gefragt: »Was hat dir die Erleuchtung gebracht?« Der Meister antwortete: »Bevor ich erleuchtet war, war ich oft betrübt; nachdem ich nun erleuchtet wurde, bin ich immer noch betrübt.« … Kummer und Sorge werden nicht zum Verschwinden gebracht. Sie werden wie vorüberziehende Wolken am Himmel sein, und Sie identifizieren sich mit den Wolken. Doch können Sie auch der Himmel sein und die Wolken ziehen lassen. Und sie kommen und gehen nach wie vor: »Bevor ich erleuchtet wurde, war ich oft betrübt, und danach bin ich es auch noch.«

Der Meister erzählte, wie er einmal auf einer Bahnfahrt im oberen Bett eines Liegewagens die Nacht verbrachte. Es war ihm unmöglich einzuschlafen, da von unten her ständig ein Stöhnen zu hören war: »Ach, bin ich durstig … ach, bin ich durstig …!«

Das Stöhnen wollte kein Ende nehmen. Da kletterte der Meister schließlich die Leiter hinunter, ging durch den ganzen Zug zum Speisewagen, kaufte zwei Becher Bier, ging den langen Weg zu seinem Abteil zurück und reichte die beiden Becher dem geplagten Mitreisenden.

»Hier ist etwas zu trinken!«

»Wunderbar, Gott sei Dank!«

Der Meister stieg die Leiter hoch und streckte sich wieder aus. Kaum hatte er die Augen geschlossen, hörte er es von unten her stöhnen: »Ach Gott, war ich durstig … oh, war ich durstig!«

Liebe

Die Menschen zu lieben heißt: auch ohne sie vollkommen glücklich zu sein, ohne Angst, jemandem weh zu tun, ohne das Bestreben zu beeindrucken, ohne die Furcht, sie könnten einmal aufhören, einen zu mögen und einen verlassen. Egal, was andere sagen oder tun, Sie leben in Frieden. Füllen Sie Ihre Leere nicht mit Menschen, und nennen es dann auch noch Liebe.

Ich verlange nicht, dass du mich glücklich machst; mein Glück ist nicht in dir begründet. Wenn du mich verlassen würdest, würde ich mich nicht bedauern; ich genieße deine Gesellschaft über alle Maßen, aber ich klammere mich nicht an. Ich genieße sie, ohne mich festzuklammern. Was ich eigentlich genieße, bist nicht du, es ist etwas, das größer ist als wir beide. Es ist etwas, das ich entdeckt habe, eine Art Sinfonie, eine Art Orchester, das in deiner Gegenwart eine Melodie spielt. Doch wenn du gehst, hört das Orchester nicht auf zu spielen. Begegne ich jemand anderem, spielt es eine andere Melodie, die auch wunderbar ist. Und bin ich alleine, spielt es weiter. Es hat ein großes Repertoire und hört nie auf zu spielen.

LIEBE IST keine Beziehung. Sie ist ein Zustand. Die Liebe gab es schon lange vor den Menschen. Bevor es Sie selbst gab, gab es bereits die Liebe. Ich sagte Ihnen schon: ist das Auge frei, kann man sehen. Um zu lieben, kann man aber nichts tun. Würden Sie Ihre Pflichten und Schuldigkeiten verstehen, Ihre Anhänglichkeiten, Sehnsüchte, Zwänge, Vorlieben, Neigungen, und sich von all dem freimachen können, käme die Liebe... Ist das Auge frei, kann man sehen. Ist das Herz frei, kann man lieben.

Loslassen

EINEM SCHÜLER, der um Weisheit bat, sagte der Meister: »Versuch Folgendes: Schließ die Augen und stell dir vor, du und alle Lebewesen werden in einen Abgrund geschleudert. Jedes Mal, wenn du dich an etwas klammerst, um nicht zu fallen, mach dir klar, dass es gleichfalls fällt ...«

Der Schüler versuchte es und war nie mehr derselbe.

Lückenbüßer

LIEBE HEISST nicht, dem anderen die Einsamkeit erträglicher zu machen. Jemand fühlt sich innerlich leer und hat es furchtbar eilig, diese Leere mit jemand anderem zu füllen. Das ist keine Liebe. Um der Leere und Einsamkeit zu entkommen, flüchtet man sich in alle möglichen Aktivitäten, in irgendjemands Arme. Doch Einsamkeit lässt sich nicht durch Kontakt mit anderen heilen, sondern durch Kontakt mit der Wirklichkeit.

Wenn wir uns der Einsamkeit stellen, werden wir bald entdecken, dass es sie gar nicht gibt. Es gibt tatsächlich keine Leere! Dies sollten Sie sich gut merken. Was Sie suchen, ist bereits in Ihnen. Wenn Sie sich dem stellen, was in Ihnen ist, wird bald alles verschwinden, wovor Sie fliehen, und wird das zum Vorschein kommen, was Sie suchen.

Moral

»Ein guter Teil unserer negativen Gefühle und Probleme, wie Unzufriedenheit, Schuldgefühle, Rastlosigkeit, Gefühle der Unzulänglichkeit usw. stammen daher, dass wir infolge unserer moralistischen Prägung uns ständig selbst dazu aufpeitschen, uns zu bessern und etwas zu leisten. Diese Gewalttätigkeit in unserem Inneren führt zur Gewalttätigkeit im Äußeren.

›Sich selbst zu sterben‹ ist für das spirituelle Reifen von entscheidender Bedeutung; aber allzu oft tun wir nicht das, sondern plagen uns zu Tode – eine verhängnisvolle Verwechslung. Eine Religion, die darauf versessen ist, uns zu bessern, macht uns schließlich schlechter. Eine Religion dagegen, die als frei machend erlebt wird, bessert uns, denn sie schürt nicht diesen inneren Konflikt.«

Mut

EIN LÖWE geriet in Gefangenschaft und wurde in ein Lager gebracht, wo er zu seinem Erstaunen noch andere Löwen antraf, die schon jahrelang dort waren, einige sogar ihr ganzes Leben, denn sie waren dort geboren. Er lernte bald die sozialen Betätigungen der Lagerlöwen kennen. Sie schlössen sich in Gruppen zusammen. Eine Gruppe bestand aus den Gesellschaftslöwen; eine andere ging ins Showgeschäft; wieder eine andere betätigte sich kulturell, um die Bräuche, die Traditionen und die Geschichte jener Zeiten zu bewahren, als die Löwen in Freiheit lebten. Andere Gruppen waren religiös – sie kamen zusammen, um zu Herzen gehende Lieder zu singen von einem künftigen Dschungel ohne Zäune. Einige Gruppen fanden Zulauf von denen, die sich von Natur aus für Literatur und Kunst interessierten; wieder andere waren revolutionär gesonnen, sie trafen sich, um sich gegen ihre Wärter zu verschwören oder gegen andere revolutionäre Gruppen Pläne zu schmieden. Ab und zu brach eine Revolution aus, die eine oder andere Gruppe wurde ausgelöscht, oder alle Wärter wurden umgebracht und durch andere ersetzt.

Als sich der Neuankömmling umsah, bemerkte er einen Löwen, der stets tief in Gedanken versunken schien, ein Einzelgänger, der keiner Gruppe angehörte und sich meistens von allen fernhielt. Es war etwas Seltsames um ihn, das sowohl die Bewunderung der anderen hervorrief, aber auch ihre Feindseligkeit, denn seine Gegenwart erzeugte Angst und Selbstzweifel. Er sagte zu dem Neuankömmling: »Schließ dich keiner Gruppe an. Diese armen Narren kümmern sich um alles, bloß nicht um das Wesentliche.«

»Und was ist das?«, fragt der Neuankömmling.

»Über die Art des Zaunes nachzudenken.«

Nachtragen

Zwei buddhistische Mönche trafen auf dem Weg zum Kloster eine außergewöhnlich schöne Frau am Flussufer. Auch sie wollte, wie die Mönche, ans andere Ufer, aber das Wasser war zu hoch. So nahm sie einer der Mönche auf den Rücken und trug sie hinüber.

Sein Begleiter war äußerst schockiert. Zwei Stunden lang schalt er ihn, die heilige Regel verletzt zu haben. Hatte er vergessen, dass er ein Mönch war? Wie konnte er wagen, eine Frau zu berühren? Und mehr noch, sie durch den Fluss zu tragen? Und was würden die Leute sagen? Hatte er nicht ihre heilige Religion in Verruf gebracht? Und so weiter und so weiter.

Der angeblich ungehörig handelnde Mönch hörte sich geduldig die nicht enden wollende Predigt an. Schließlich unterbrach er ihn und sagte: »Bruder, ich habe die Frau am anderen Ufer abgesetzt. Trägst du sie denn jetzt?«

»Warum sprichst du ständig von meinen früher begangenen Fehlern?« sagte der Ehemann. »Ich dachte, du hättest sie vergeben und vergessen.«

»Ich habe tatsächlich vergeben und vergessen«, antwortete die Ehefrau, »aber ich möchte sicher sein, dass du nicht vergisst, dass ich vergeben und vergessen habe.«

Nicht-Tun

»WAS MUSS ich tun, um Erleuchtung zu erlangen?« – »Nichts.«

»Warum nicht?« – »Weil Erleuchtung nicht aus dem Tun kommt. Sie geschieht.«

»Dann kann sie nie erreicht werden?« – »Oh doch, das kann sie.«

»Wie?« – »Durch Nicht-Tun.«

»Und was soll man tun, um zum Nicht-Tun zu gelangen?« – »Was tut man, um einzuschlafen oder aufzuwachen?«

DER MEISTER bestand darauf, was er lehre, sei nichts, und was er tue gleichfalls nichts. Seine Schüler entdeckten allmählich, dass Weisheit sich bei jenen einstellt, die nichts lernen, die alles verlernen. Diese Umwandlung ist nicht die Folge von etwas, das man getan hat, sondern von etwas, das man aufgegeben hat.

Nicht-Wissen

Der Suchende näherte sich ehrerbietig dem Schüler und fragte: »Was ist der Sinn des menschlichen Lebens?«

Der Schüler zog die Werke seines Meisters zu Rate und erwiderte getrost mit des Meisters eigenen Worten: »Menschliches Leben ist nichts weiter als der Ausdruck von Gottes Überfluss.«

Als der Suchende den Meister selbst traf und ihm die gleiche Frage stellte, sagte der Meister: »Ich weiß es nicht.«

Der Suchende sagt: »Ich weiß es nicht.« Das zu sagen erfordert Ehrlichkeit.

Der Meister sagt: »Ich weiß es nicht.« Das erfordert ein mystisches Denken, das alle Dinge durch Nicht-Wissen erkennt.

Der Schüler sagt: »Ich weiß es.« Das bedeutet Unwissenheit in der Form geborgten Wissens.

Dem Meister gefiel es stets, wenn Menschen ihre Unwissenheit zugaben.

»Weisheit wächst gewöhnlich im Verhältnis zum Bewusstsein der eigenen Unwissenheit«, behauptete er.

Als er um eine Erklärung gebeten wurde, sagte er: »Wenn ihr einseht, dass ihr heute nicht so weise seid, wie ihr gestern geglaubt habt zu sein, dann seid ihr heute weiser.«

Sagt der indische Mystiker Saraha: »Erkenne die Süße des Duftes, der Nichtwissen heißt.«

Offenbarung

Ein Guru versprach einem Gelehrten eine Offenbarung von größerer Bedeutung als alles, was in den Schriften stand. Als der Gelehrte ungeduldig darum bat, sie ihm mitzuteilen, sagte der Guru: »Geh hinaus in den Regen und recke Kopf und Arme himmelwärts. Das wird dir die erste Offenbarung bescheren.«

Am nächsten Tag kam der Gelehrte und berichtete. »Ich folgte deinem Rat, und das Wasser floss mir den Nacken hinab. Und ich fühlte mich wie ein vollkommener Narr.«

»Findest du nicht«, sagte der Guru, »dass das für den ersten Tag schon eine ganz schöne Offenbarung ist?«

Präsenz

KURZ NACH dem Tod von Rabbi Moshe fragte Rabbi Mendel einen seiner Schüler: »Was hielt dein Lehrer für das Wichtigste?« Der Schüler dachte einen Augenblick nach und sagte dann: »Das, was er im Augenblick gerade tat.«

ALS EIN Gast sich freiwillig meldete, das Geschirr nach dem Essen zu spülen, sagte der Meister: »Sind Sie sicher, dass Sie wissen, wie man Geschirr spült?« Der Mann versicherte dem Meister, dass er es sein ganzes Leben lang gemacht hätte. Sagte der Meister: »Oh, ich zweifle nicht an Ihrer Fähigkeit, das Geschirr sauber zu machen, ich bezweifle nur, ob Sie es wirklich waschen können.« Seinen Schülern sagte er daraufhin zur Erklärung: »Es gibt zwei Möglichkeiten, Geschirr zu spülen: die eine, es zu waschen, um es sauber zu machen; die andere, es zu waschen, um es zu waschen.« Das war weit davon entfernt, den Schülern nun einzuleuchten! Deshalb fügte der Meister hinzu: »Das erste ist ein totes Tun, denn während euer Körper Geschirr spült, ist euer Geist auf den Zweck fixiert, es sauber zu machen; das zweite ist ein lebendiges Tun, weil dabei nämlich euer Geist dort ist, wo euer Körper ist.«

»Erleuchtung«, sagte der Meister, »heißt, genau zu wissen, wo du dich in jedem Moment befindest – eine keineswegs leichte Aufgabe.« Und er erzählte von einem allseits geliebten Freund, der noch in seinen hohen achtziger Jahren Einladungen zu Dutzenden von Feiern erhielt. Einmal wurde er auf einer Party entdeckt und gefragt, wie vielen er an diesem Abend seine Aufwartung machte. »Sechs«, sagte der ältere Herr, ohne den Blick von seinem kleinen Notizbuch zu heben. »Was machen Sie da? Sehen Sie nach, zu wem Sie als nächstem gehen müssen?« fragte ihn jemand. »Nein«, antwortete der dynamische Bursche. »Ich stelle fest, wo ich gerade bin.«

Praxis

Ein Mönch begab sich einst zu Buddha und sagte: »Überlebt die Seele des Gerechten den Tod?«

Bezeichnenderweise gab Buddha keine Antwort.

Aber der Mönch war hartnäckig. Jeden Tag stellte er die gleiche Frage, und jeden Tag war die Antwort Schweigen, bis er es nicht länger aushielt und drohte, das Kloster zu verlassen, wenn diese lebenswichtige Frage nicht beantwortet würde, – denn wozu opferte er alles, um in dem Kloster zu leben, wenn die Seele des Gerechten nicht den Tod überdauerte?

Da erbarmte sich Buddha und sprach: »Du bist wie jener Mann, der, von einem vergifteten Pfeil getroffen, den sicheren Tod vor Augen hatte. Die Verwandten holten eilends einen Arzt, aber der Mann weigerte sich, den Pfeil herausziehen oder ein Heilmittel auf die Wunde auftragen zu lassen, wenn nicht zunächst drei lebenswichtige Fragen beantwortet würden: Erstens, war der Mann, der auf ihn geschossen hatte, ein Weißer oder ein Schwarzer? Zweitens, war er groß oder klein? Und drittens, war er ein Brahmane oder ein Kastenloser? Ehe er nicht Antwort auf diese drei Fragen erhielte, weigerte sich der Mann, irgendetwas zu tun, um seinen Tod zu verhindern.«

Der Mönch blieb im Kloster. Es ist viel angenehmer, über den Weg zu reden, als ihm zu folgen, die Zusammensetzung der Medizin zu diskutieren, als sie einzunehmen.

Reichtum

Der Sannyasi hatte den Dorfrand erreicht und ließ sich unter einem Baum nieder, um dort die Nacht zu verbringen, als ein Dorfbewohner angerannt kam und sagte: »Der Stein! Der Stein! Gib mir den kostbaren Stein!«

»Welchen Stein?«, fragte der Sannyasi.

»Letzte Nacht erschien mir Gott Shiva im Traum«, sagte der Dörfler, »und sagte mir, ich würde bei Einbruch der Dunkelheit am Dorfrand einen Sannyasi finden, der mir einen kostbaren Stein geben würde, so dass ich für immer reich wäre.«

Der Sannyasi durchwühlte seinen Sack und zog einen Stein heraus. »Wahrscheinlich meinte er diesen hier«, sagte er, als er dem Dörfler den Stein gab. »Ich fand ihn vor einigen Tagen auf einem Waldweg. Du kannst ihn natürlich haben.«

Staunend betrachtete der Mann den Stein. Es war ein Diamant. Wahrscheinlich der größte

Diamant der Welt, denn er war so groß wie ein menschlicher Kopf.

Er nahm den Diamanten und ging weg. Die ganze Nacht wälzte er sich im Bett und konnte nicht schlafen. Am nächsten Tag weckte er den Sannyasi bei Anbruch der Dämmerung und sagte: »Gib mir den Reichtum, der es dir ermöglicht, diesen Diamanten so leichten Herzens wegzugeben.«

Reisen

Ein Frosch hatte sein Leben lang in einem Brunnen gewohnt. Eines Tages sah er zu seinem Erstaunen einen anderen Frosch. „Woher kommst du?“, fragte er. „Aus dem Meer, dort lebe ich“, sagte der andere. „Wie ist das Meer? Ist es so groß wie mein Brunnen?“ Der Meeresfrosch lachte. „Das ist nicht zu vergleichen“, sagte er. Der Brunnenfrosch tat so, als sei er daran interessiert, was sein Besucher über das Meer zu berichten habe. Aber er dachte: „Unter all den Lügnern, die ich in meinem Leben kennengelernt habe, ist dieser hier zweifellos der größte und unverschämteste.“

Der Prediger war in verschiedene fremde Länder unterwegs. Sagten die Schüler: „Glaubst du, dass Reisen den Geist weiter werden lässt?“ „Nein“, gab der Meister zur Antwort, „es weitet nur seine Beschränktheit auf ein größeres Gebiet aus.“

Religionen

Mein Freund und ich gingen auf die Messe: Die Weltmesse der Religionen. Keine Handelsmesse, eine religiöse Messe. Aber der Wettbewerb war genauso verbissen, die Reklame genauso laut.

Am jüdischen Stand erhielten wir Prospekte, die besagten, Gott sei allbarmherzig und die Juden sein auserwähltes Volk.

Am islamischen Stand erfuhren wir, Gott sei voller Gnade und Mohammed sein einziger Prophet. Das Heil erlange man, wenn man auf den einzigen Propheten Gottes höre.

Am christlichen Stand entdeckten wir, dass Gott die Liebe sei und es außerhalb der Kirche keine Rettung gäbe. Nur ein Mitglied der Kirche laufe nicht Gefahr ewiger Verdammnis.

Beim Hinausgehen fragte ich meinen Freund: »Was hältst du von Gott?«

Er erwiderte: »Er ist engstirnig, fanatisch und grausam.«

Wieder zu Hause fragte ich Gott: »Was hältst du von einer solchen Sache, Herr? Merkst du nicht, dass man dich jahrhundertelang in Misskredit gebracht hat?«

Gott sagte: »Ich habe die Messe nicht organisiert. Ich hätte mich geniert, auch nur hinzugehen.«

Religion ist keine Frage von Ritualen oder wissenschaftlichen Studien. Auch ist sie keine Art Kult und kein Vollbringen guter Taten. Bei der Religion geht es darum, die Unreinheit des Herzens zu tilgen. Das ist der Weg zur Begegnung mit Gott.

»Ich möchte Ihnen die gute Nachricht meiner Religion verkünden«, sagte der Prediger.

Der Meister war ganz Ohr.

»Gott ist die Liebe. Er liebt uns und belohnt uns auf ewig, wenn wir seine Gebote befolgen.«

»Wenn?«, sagte der Meister. »Dann ist die Nachricht doch nicht so ganz gut, oder?«

Schauen

Schaut euch nicht suchend um nach Gott«, sagte der Meister. »Schaut einfach – und alles wird sich zeigen.«

»Aber wie soll man schauen?«

»Jedes Mal, wenn du etwas ansiehst, sieh' nur das, was da ist und nichts sonst.«

Die Schüler waren verwundert, also sagte der Meister es einfacher: »Wenn ihr zum Beispiel den Mond betrachtet, seht nur den Mond und nichts sonst.«

»Was könnte man denn noch sehen außer dem Mond, wenn man den Mond betrachtet?«

»Jemand, der Hunger hat, könnte einen Käselaib sehen, ein Liebender das Gesicht seiner Geliebten.«

Stellen Sie sich den Schrecken vor, der einen Reichen überfällt, wenn er die kläglichen Lebensbedingungen der Armen sich wirklich vor Augen hält, einen machthungrigen Diktator, wenn er wirklich das Elend der Menschen sieht, die er unterdrückt, einen Fanatiker oder einen Selbstgerechten, wenn er die Falschheit seiner Überzeugungen wirklich sieht, die sich nicht mehr mit den Tatsachen decken; den Schrecken, der einen romantischen Liebhaber überfällt, wenn er wirklich sehen will, dass er nicht seine Geliebte liebt, sondern das Bild, das er sich von ihr gemacht hat. Denn das Schmerzlichste, das ein Mensch tun kann, das, wovor er sich am meisten fürchtet, ist das Sehen. In solchem Sehen wird die Liebe geboren, oder genauer gesagt, Sehen ist Liebe. Sobald Sie zu sehen beginnen, wird Sie Ihr Zartgefühl zum Gewahrwerden führen, und zwar nicht nur der Dinge, die Sie sehen wollen, sondern auch aller anderen. Ihr armes Ego wird verzweifelt versuchen, dieses Zartgefühl abzustumpfen, weil seine Schutzmauern beiseite geräumt werden und es ohne Sicherheit und Halt dasteht. Wenn Sie sich jemals erlauben zu sehen, bedeutet das den Tod Ihrer Selbstsucht.

Schweigen

»JEDES WORT, jedes Bild, das man für Gott gebraucht, dient eher der Verzerrung als einer Beschreibung.« – »Wie spricht man also von Gott?« – »Durch Schweigen.« – »Warum sprecht Ihr dann in Worten?«

Darüber lachte der Meister lauthals. Er sagte: »Wenn ich spreche, mein Lieber, darfst du nicht auf die Worte hören. Höre auf das Schweigen.«

SAGTE DER Meister: »Als du noch im Mutterleib warst, hast du geschwiegen. Dann wurdest du geboren und fingst an zu sprechen, sprechen, sprechen – bis der Tag kommt, da man dich ins Grab legt. Dann wirst du wieder still sein. Fange dieses Schweigen ein, das im Mutterleib war und im Grab sein wird und selbst jetzt dieses Intervall von Lärm unterläuft, das Leben heißt. Dieses Schweigen ist dein tiefstes Wesen.«

Selbstvertrauen

Das Erste, was Erziehung einem Menschen vermitteln muss, ist die Fähigkeit, allein sein zu können, und der Mut, seinen eigenen Augen, seinem Herzen und Geist, den eigenen Beobachtungen, Gedanken und Gefühlen zu trauen.

Wenn du mich zum Beispiel fragen würdest: »Hättest du Lust, heute Abend mit mir ins Kino zu gehen?«, könnte ich dir antworten: »Tut mir leid, ich möchte mit jemand anderem gehen; ich möchte lieber mit ihm zusammen sein.« Das wäre völlig in Ordnung.

Es ist wunderbar, Nein sagen zu können; es gehört mit zum Wachwerden. Es gehört zum Wachwerden, sein Leben so zu leben, wie man es für richtig hält.

Verstehen Sie mich recht: das hat nichts mit Egoismus zu tun. Egoistisch wäre es, zu verlangen, dass jemand sein Leben so lebt, wie Sie es für richtig halten. Das ist egoistisch. Es ist nicht egoistisch, sein Leben so zu leben, wie man es selbst für richtig hält. Der Egoismus liegt in der Forderung, dass andere Leute so leben sollen, wie es Ihrem Geschmack, Ihrem Stolz, Ihrem Nutzen oder Ihrem Vergnügen entspricht. Das ist wirklich egoistisch. Deshalb schütze ich mich. Ich fühle mich nicht dazu verpflichtet, mit dir zusammen zu sein, ebenso wenig fühle ich mich dazu verpflichtet, Ja zu sagen.

Selbstzufriedenheit

»Was soll ich tun, um meinen Nächsten zu lieben?«

»Hör auf, dich zu hassen.«

Der Schüler grübelte lange und ernsthaft über diese Worte nach, kam dann zurück und sagte: »Aber ich liebe mich zu sehr, denn ich bin selbstsüchtig und egozentrisch. Wie kann ich mich davon befreien?«

»Sei freundlich zu dir, und dein Selbst wird zufrieden sein und dich freisetzen, deinen Nächsten zu lieben.«

Sinn

Sobald Sie die Welt aus der Sicht einer Ideologie betrachten, sind Sie am Ende. Keine Wirklichkeit passt in eine Ideologie, das Leben ist mehr als das. Darum suchen die Menschen immer nach einem Sinn des Lebens. Aber das Leben hat keinen Sinn; es kann keinen Sinn haben, denn Sinn ist eine Formel; Sinn ist etwas, was unserem Verstand vernünftig erscheint. Immer, wenn Sie meinen, in der Wirklichkeit einen Sinn zu sehen, stoßen Sie auf etwas, was den Sinn wieder zunichte macht. Sinn ist nur zu finden, wenn Sie über den Sinn hinausgehen. Das Leben hat nur Sinn, wenn Sie es als Mysterium verstehen; für einen begrifflich denkenden Verstand hat es keinen Sinn.

Spiel

IM KARTENSPIEL, das Leben heißt, spielt man das zugeteilte Blatt, so gut man kann.

DER MEISTER spielte gerne Karten und verbrachte einmal mit einigen seiner Schüler während eines Luftangriffs die ganze Nacht beim Pokern. Als sie eine Pause einlegten, um etwas zu trinken, kamen sie auf den Tod zu sprechen.

»Wenn ich mitten in diesem Spiel tot umfallen würde, was würdet ihr dann tun?«, fragte der Meister.

»Was möchtest du, dass wir tun sollten?«

»Zwei Dinge. Zuerst die Leiche fortschaffen.«

»Und dann?«

»Die Karten neu austeilen«, sagte der Meister.

Staunen

Als der Zen-Meister Erleuchtung erlangte, schrieb er zur Feier der Stunde: »Welch außerordentliches Wunder: Ich hacke Holz! Ich schöpfe Wasser aus dem Brunnen!« Für die meisten Menschen ist nichts Wunderbares an so prosaischen Tätigkeiten wie dem Schöpfen des Wassers aus einem Brunnen oder dem Holzhacken. Nach der Erleuchtung ändert sich im Grunde nichts. Alles bleibt dasselbe. Nur das eigene Herz ist jetzt voller Staunen. Der Baum ist derselbe Baum; und die Menschen sind die gleichen wie zuvor; und du selbst auch; und das Leben verläuft nicht anders als vorher. Du bist vielleicht genauso übellaunig oder gelassen, genauso weise oder töricht wie zuvor. Es gibt nur einen entscheidenden Unterschied: Du siehst nun alle Dinge mit anderen Augen an. Du stehst darüber. Und dein Herz ist voller Staunen.

Stille

STILLE BEDEUTET: Worte und Gedanken hinter sich zu lassen. Was ist falsch an Worten und Gedanken? Sie schränken ein.

MANCHMAL FIEL eine Schar lärmender Besucher in das Kloster ein, und die Stille wurde zunichte. Das ärgerte die Schüler; nicht so den Meister, der gleichermaßen zufrieden schien, ob Lärm oder Stille herrschte.

Eines Tages sagte er seinen protestierenden Schülern: »Stille ist nicht das Fehlen von Geräusch, sondern das Fehlen des Selbst.«

Sturheit

»Hast du dich aber verändert, Henry! Du warst doch immer so groß, und jetzt kommst du mir so klein vor. Du warst doch immer so stattlich, und jetzt erscheinst du mir so schmal. Du warst doch immer so blass – und jetzt bist du so braun. Was ist mit dir los, Henry?«

Und Henry sagt: »Ich heiße gar nicht Henry, ich heiße John.« – »Ach, deinen Namen hast du auch geändert!« – Wie will man solch einen Menschen zum Zuhören bekommen?

Betrachten Sie es einmal so: Sie sehen die Menschen und Dinge nicht so, wie sie sind, sondern so, wie Sie sind. Wenn Sie sie so sehen wollen, wie sie sind, müssen Sie Ihr Augenmerk auf die Dinge richten, an denen Sie hängen und auf die Ängste, die wegen dieser Abhängigkeiten in Ihnen entstehen. Schauen Sie auf Ihr Leben, so werden Sie feststellen, dass es die Abhängigkeiten und Ängste sind, die darüber entscheiden, was Sie wahrnehmen und was Sie verdrängen. Und da Sie beim Sehen auswählen, besitzen Sie ein trügerisches Bild der Menschen und Dinge um Sie herum. Je länger Sie mit diesem Zerrbild leben, desto mehr sind Sie davon überzeugt, dass es das einzige wahre Bild der Welt ist, denn Ihre Abhängigkeiten und Ängste verarbeiten auch die neu eingehenden Informationen weiterhin so, dass sie das vorhandene Bild nur bestätigen. Dadurch ist es nicht mehr die wirkliche Welt, auf die Sie eingehen und die Sie lieben, sondern eine Welt, die in Ihrem Kopf entstanden ist. Nur wenn Sie von Ihren starren Überzeugungen ablassen, Ihre Ängste und die Abhängigkeiten aufgeben, die diese Ängste erst hervorrufen, werden Sie von der Empfindungsarmut befreit sein, die Sie so taub und blind sich selbst und der Welt gegenüber macht.

Suche

»ENTSCHULDIGUNG«, SAGTE ein Fisch aus dem Ozean zu einem anderen. »Du bist älter und erfahrener als ich und kannst mir wahrscheinlich helfen. Sag mir, wo kann ich die Sache finden, die man Ozean nennt? Ich habe vergeblich überall danach gesucht.« – »Der Ozean«, sagte der ältere Fisch, »ist das, worin du jetzt schwimmst.« – »Das? Aber das ist ja nur Wasser. Ich suche den Ozean«, sagte der jüngere Fisch sehr enttäuscht und schwamm davon, um anderswo zu suchen. Er kam zu dem Meister im Sannyasi-Gewand. Und er sprach in der Sprache der Sannyasi:

»Jahrelang habe ich nun nach Gott gesucht. Ich bin von zu Hause weggegangen und habe überall nach Ihm Ausschau gehalten, wo Er angeblich sein soll: auf Bergesgipfeln, im Herzen der Wüste, in der Stille der Klöster und in den Behausungen der Armen.«

»Hast du ihn gefunden?« fragte der Meister.

»Ich wäre ein eitler Lügner, sagte ich Ja. Nein, ich habe Ihn nicht gefunden. Und Ihr?«

Was konnte ihm der Meister antworten? Die Abendsonne sandte goldene Strahlen in den Raum. Hunderte von Sperlingen tschilpten vergnügt auf einem nahen Feigenbaum. In der Ferne konnte man Straßenlärm hören. Ein Moskito summte warnend am Ohr, dass er gleich zustechen würde... und doch konnte dieser gute Mann dasitzen und sagen, er hätte Gott nicht gefunden, er würde immer noch nach ihm suchen.

Nach einer Weile verließ er enttäuscht das Zimmer des Meisters, um anderswo weiterzusuchen.

Kleiner Fisch, hör auf zu suchen, es gibt nichts zu suchen. Sei einfach still, öffne die Augen und sieh dich um. Du kannst es nicht übersehen.

Tanz

Die Juden einer kleinen Stadt in Russland erwarteten ungeduldig die Ankunft eines Rabbi. Das kam nicht oft vor, und deshalb dachten sie lange über die Fragen nach, die sie dem heiligen Mann stellen wollten.

Als er schließlich kam, und sie mit ihm in der großen Halle der Stadt zusammentrafen, konnte er die Spannung spüren, mit der sie seine Antworten auf ihre Fragen erwarteten.

Zuerst sagte er nichts; er blickte ihnen nur in die Augen und summte eine schwermütige Melodie. Bald begannen alle zu summen. Er fing an zu singen, und alle sangen mit ihm. Er wiegte seinen Körper und tanzte mit feierlichen abgemessenen Schritten. Die Gemeinde folgte seinem Beispiel. Bald waren sie so sehr von dem Tanz gefangen, so sehr in die Bewegungen vertieft, dass sie auf nichts anderes mehr achteten; auf diese Weise wurde jeder in der Menge wieder ganz, wurde von der inneren

Zersplitterung geheilt, die uns von der Wahrheit fernhält.

Fast eine Stunde verging, ehe der Tanz langsam aufhörte. Die Spannung in ihrem Inneren war gewichen, und jeder verharrte in dem schweigenden Frieden, der den Raum erfüllte. Dann sagte der Rabbi die einzigen Worte, die an jenem Abend über seine Lippen kamen: »Ich hoffe, ich habe eure Fragen beantwortet.«

Ein Derwisch wurde gefragt, warum er Gott im Tanz anbete. Er erwiderte: »Gott anzubeten heißt, gegenüber seinem Ich zu sterben, – tanzen tötet das eigene Ich. Wenn das Ich stirbt, sterben alle Probleme mit ihm. Wo das eigene Ich nicht ist, ist Liebe, ist Gott.«

Tat

Ein junger Mann beschrieb voller Ungeduld, was für die Armen zu tun ihm vorschwebte.

Sagte der Meister: »Wann möchtest du deinen Traum wahr machen?«

»Sobald die Gelegenheit dafür kommt.«

»Die Gelegenheit kommt nie«, sagte der Meister, »sie ist da!«

Tetsugen, ein Schüler des Zen, machte sich an eine gewaltige Aufgabe: den Druck von siebentausend Kopien der Sutren, die bis dahin nur in Chinesisch verfügbar waren.

Er reiste kreuz und quer durch Japan, um Geld für dieses Projekt zu sammeln. Einige reiche Leute spendeten wohl an die hundert Goldstücke, aber meistens bekam er nur kleine Münzen von Bauern. Tetsugen sprach jedem Spender den gleichen Dank aus, ungeachtet der Höhe der Spende.

Nach zehn langen Jahren des Umherreisens hatte er endlich die für das Unternehmen nötige Summe zusammen. Gerade zu dieser Zeit trat der Fluss Uji über die Ufer, und Tausende waren ohne Nahrung und Unterkunft. Tetsugen gab alles Geld, das er gesammelt hatte, diesen armen Leuten.

Dann begann er von neuem, Gelder zu sammeln. Wieder dauerte es mehrere Jahre, bis er die benötigte Summe hatte. Da brach im Land eine Epidemie aus, und wieder gab Tetsugen das gesammelte Geld den Opfern.

Er nahm von neuem seine Reise auf und zwanzig Jahre später wurde sein Traum, die Schriften auf Japanisch drucken zu lassen, wahr.

Der Druckstock dieser ersten Ausgabe der Sutren ist im Obaku-Kloster in Kyoto ausgestellt. Die Japaner erzählen ihren Kindern, Tetsugen habe im ganzen drei Ausgaben der Sutren drucken lassen, die ersten beiden seien unsichtbar und weit wertvoller als die dritte.

Tempel

Nach vielen Jahren mühevoller Arbeit entdeckte ein Erfinder die Kunst des Feuermachens. Er ging mit seinen Geräten in den schneebedeckten Norden des Landes und erklärte einem Stamm die Kunst – und den Nutzen – des Feuermachens. Die Leute waren von dieser Neuerung so gefesselt, dass sie ganz vergaßen, dem Erfinder zu danken, der eines Tages unbemerkt weiterzog. Da er zu jenen seltenen Menschen mit innerer Größe gehörte, lag ihm nicht daran, in Erinnerung zu bleiben oder verehrt zu werden. Ihm genügte es, dass jemand von seiner Entdeckung Nutzen gehabt hatte.

Der nächste Stamm, zu dem er ging, war nicht weniger begierig zu lernen wie der erste. Aber die dortigen Priester, die eifersüchtig auf den Einfluss des Fremden waren, ließen ihn ermorden. Um jeden Verdacht eines Verbrechens zu zerstreuen, stellten sie ein Bild des Großen Erfinders auf den Hauptaltar der Kirche, und eine neue geschaffene Liturgie sollte seinen Namen preisen und die Erinnerung an ihn wachhalten. Die Geräte zum Feuermachen wurden in einem Schrein aufbewahrt, und man sagte, sie brächten allen Heilung, die gläubig die Hände darauf legten. Der Hohepriester selbst übernahm die Aufgabe, die Lebensgeschichte des Erfinders zu verfassen. Sie wurde das Heilige Buch, in dem seine liebevolle Güte als nachahmenswertes Beispiel dargestellt, seine ruhmvollen Taten gepriesen und seine übermenschliche Natur zu einem Glaubensartikel erhoben wurde. Die Priester achteten darauf, das Buch kommenden Generationen zu überliefern, während sie die Bedeutung seiner Worte nach ihrem Ermessen auslegten, desgleichen den Sinn seines heiligen Lebens und Sterbens. Und schonungslos bestraften sie jeden mit Tod oder Exkommunikation, der von ihrer Lehre abwich. Und während sie von diesen religiösen Aufgaben in Beschlag genommen waren, vergaßen die Leute vollständig die Kunst des Feuermachens.

Tod

An jenem Tag ging es während der öffentlichen Versammlung bei allen Fragen um das Leben jenseits des Grabes.

Der Meister lachte nur und gab keine einzige Antwort. Seinen Schülern, die wissen wollten, warum er auswich, sagte er später: »Habt ihr nicht bemerkt, dass es ausgerechnet diejenigen sind, die nichts mit diesem Leben anzufangen wissen, die ein weiteres, ewig währendes wollen?« – »Aber gibt es nun Leben nach dem Tode oder nicht?« beharrte ein Schüler. –

»Ist da Leben vor dem Tod, das ist die Frage!«, sagte der Meister hintergründig.

»Jeder weiss, dass ich keine Angst kenne«, sagte der Herrscher, »doch muss ich gestehen, etwas zu fürchten: den Tod. Was ist Totsein?«

»Wie soll ich das wissen?«

»Aber du bist doch ein erleuchteter Meister!«

»Mag sein, aber noch kein toter.«

Tradition

Als ein Schüler anmahnte, die geistliche Lehre des Meisters müsse auf den heutigen Stand gebracht werden, lachte der Meister laut auf. Dann erzählte er die Geschichte von einem Studenten, der sich in einer Buchhandlung beschwerte:

»Haben Sie keine neueren Bücher über Anatomie? Diese hier sind doch mindestens zehn Jahre alt.«

Sagte der Buchhändler: »In den letzten zehn Jahren kamen zum menschlichen Skelett keine neuen Knochen hinzu, mein Lieber.«

Und der Meister ergänzte: »Ebenso wenig gab es irgendeinen Zusatz zu der Natur des Menschen in den letzten zehntausend Jahren.«

Trauer

Eine Frau, die über den Tod ihres Sohnes verzweifelt war, kam zum Meister, um getröstet zu werden.

Er hörte ihr geduldig zu, als sie ihm ihr Leid klagte.

Dann sagte er sanft: »Ich kann deine Tränen nicht trocknen, meine Liebe. Ich kann dich nur lehren, wie du sie heiligen kannst.«

Universum

In einer sternklaren Nacht ließ der Meister die Schüler in den Genuss seiner astronomischen Kenntnisse kommen:

»Das ist das Sternensystem des Andromeda-Nebels«, erklärte er. »Es ist so groß wie unsere Milchstraße und sendet Lichtstrahlen aus, die mit einer Geschwindigkeit von 300 000 Kilometern in der Sekunde zweieinhalb Millionen Jahre zu uns auf die Erde brauchen. Der Andromeda-Nebel besteht aus hunderttausend Millionen Sonnen, die viel größer sind als unsere Sonne.«

Nach einer Weile des Schweigens sagte er mit einem Lächeln: »Nachdem wir nun die richtige Perspektive haben, lasst uns zu Bett gehen.«

Unterscheidung

Ein Guru war so beeindruckt von dem geistlichen Fortschritt seines Schülers, dass er ihn – in der Meinung, er brauche keine Anleitung mehr – allein in einer kleinen Hütte am Ufer eines Flusses zurückließ.

Jeden Morgen pflegte der Schüler nach seinen Waschungen sein Lendentuch zum Trocknen aufzuhängen. Es war sein einziger Besitz! Eines Tages fand er es zu seiner Bestürzung zerfetzt vor, die Ratten hatten es zerbissen. Er musste deshalb die Dorfbewohner um ein neues bitten. Als die Ratten wieder Löcher hineinfraßen, beschaffte er sich eine kleine Katze. Nun hatte er mit den Ratten keinen Ärger mehr, musste aber nun nicht nur um sein eigenes Essen betteln, sondern auch noch um Milch.

Er dachte: »Diese Bettelei ist zu mühselig, außerdem eine Zumutung für die Dorfleute. Ich werde mir eine Kuh halten.« Als er die Kuh hatte, musste er um Futter bitten. »Es ist einfacher, das Land um meine Hütte zu bestellen«, dachte er. Aber das erwies sich auch als schwierig, weil es ihm zu wenig Zeit zur Meditation ließ. Also beschäftigte er Arbeiter, die das Land für ihn bestellten. Die Beaufsichtigung wurde aber lästig, also heiratete er, damit seine Frau ihm einen Teil der Arbeit abnahm. Nach kurzer Zeit war er einer der reichsten Männer des Dorfes.

Jahre später kam sein Guru zufällig vorbei und war erstaunt, ein herrschaftliches Haus anstelle der Hütte zu finden. Er sagte zu einem der Diener: »Wohnte hier nicht einst einer meiner Schüler?«

Ehe er Antwort erhielt, tauchte der Schüler selbst auf. »Was bedeutet das alles, mein Sohn?«, fragte der Guru.

»Ihr werdet es nicht glauben wollen, Sir«, sagte der Mann, »aber es gab keine andere Möglichkeit, mein Lendentuch zu behalten.«

Vergangenheit

»Wie soll ich ewiges Leben erlangen?«

»Ewiges Leben ist heute und jetzt. Lebe in der Gegenwart.«

»Aber ich bin in der Gegenwart oder nicht?«

»Nein.«

»Warum nicht?«

»Weil du deine Vergangenheit nicht abgeworfen hast.«

»Warum sollte ich meine Vergangenheit abwerfen?

Nicht alles an ihr ist schlecht.«

»Die Vergangenheit muss abgeworfen werden, nicht weil sie schlecht ist, sondern weil sie tot ist.«

Verwandlung

Ein hinduistisches Sprichwort sagt: »Das Wasser wird rein, indem es weiterfließt; der Mensch, indem er weitergeht.«

Ich sehne mich nach einem festen Grund, einem sicheren Fundament für mein Leben.«

»Sieh es doch so an«, sagte der Meister. »Was ist der feste Grund für den Zugvogel, der Kontinente überquert? Was ist das sichere Fundament für den Fisch, der vom Fluss in das Meer getragen wird?«

Verwandtschaft

Der Meister schlenderte mit einigen Schülern an einem Flussufer entlang. Er sagte: »Seht, wie die Fische umherschnellen, wo es ihnen gefällt. Das genießen sie wirklich.« Ein Fremder, der diese Bemerkung mithörte, sagte: »Woher wisst Ihr, was die Fische genießen – Ihr seid doch kein Fisch?« … Der Meister lächelte über diesen, wie er wohl erkannte, unerschrockenen Wissensdrang. Er erwiderte freundlich: »Und du, mein Freund, woher weißt du, dass ich kein Fisch bin – du bist doch nicht ich?« Die Schüler lachten über diese, wie es ihnen vorkam, wohlverdiente Zurechtweisung. Nur der Fremde war betroffen von ihrem tiefen Sinn. Den ganzen Tag grübelte er darüber nach, kam dann zum Kloster und sagte: »Vielleicht seid Ihr wirklich gar nicht so verschieden von einem Fisch, wie ich dachte. Oder ich von Euch.«

Wachheit

Kann ich selbst irgendetwas tun, um erleuchtet zu werden?«

»Genau so wenig wie du dazu beitragen kannst, dass die Sonne morgens aufgeht.«

»Was nützen dann die geistigen Übungen, die Ihr vorschreibt?«

»Um sicher zu gehen, dass du nicht schläfst, wenn die Sonne aufgeht.«

Spiritualität, geistliches Leben, heißt Wachsein, heißt, sich von Illusionen zu lösen. Spiritualität bedeutet, nie der Willkür eines bestimmten Geschehens, einer Sache oder eines Menschen ausgeliefert zu sein. Spiritualität ist, die Goldmine in sich selbst gefunden zu haben. Die Religion soll Sie dahin führen.

Wahrheit

EINEM GAST, der sich selbst einen Wahrheitssucher nannte, sagte der Meister: »Wenn du die Wahrheit suchst, musst du vor allem anderen eine Sache besitzen.«

»Ich weiß, ein unbezwingbares Verlangen nach Wahrheit.«

»Nein. Eine nie nachlassende Bereitschaft zuzugeben, dass du Unrecht haben könntest.«

DIE WAHRHEIT, die uns befreit, ist fast immer eine Wahrheit, die wir lieber nicht hören wollen. Sagen wir also, irgendetwas sei nicht wahr, meinen wir nur allzu oft: »Ich höre das nicht gerne!«

WAHRHEIT LÄSST sich nicht mit Worten ausdrücken. Sie wird plötzlich erkannt, als das Ergebnis einer bestimmten Einstellung. Somit könnten Sie mir durchaus nicht zustimmen und doch die Wahrheit erkennen. Vielmehr muss eine

Einstellung der Offenheit bestehen, geprägt vom Willen, etwas Neues zu entdecken. Darauf kommt es an und nicht auf Ihre Zustimmung oder Ablehnung. Letzten Endes ist das meiste, was ich Ihnen sage, doch wieder Theorie. Keine Theorie deckt die Wirklichkeit angemessen ab. Deshalb kann ich Ihnen nichts von der Wahrheit sagen, sondern nur etwas von den Hindernissen auf dem Weg zur Wahrheit.

Wandel

Der Meister wurde gefragt: »Was ist Geistigkeit?« Er sagte: »Geistigkeit ist das, was im Menschen eine innere Verwandlung bewirkt.«

»Aber wenn ich die von den Meistern überlieferten traditionellen Methoden anwende, ist das nicht Geistigkeit?«

»Wenn es für dich nichts bewirkt, ist es nicht Geistigkeit. Eine Decke ist keine Decke mehr, wenn sie dich nicht wärmt.«

»Also ändert sich Geistigkeit?«

»Die Menschen ändern sich und brauchen Veränderungen. Was also einst Geistigkeit war, ist heute keine mehr. Was im Allgemeinen unter der Bezeichnung Geistigkeit läuft, ist nur noch die Erinnerung an vergangene Methoden.«

Schneide den Mantel so zu, dass er dem Menschen passt. Schneide nicht den Menschen zu, dass er in den Mantel passt.

Weisheit

DER GOUVERNEUR legte sein hohes Amt nieder und ging zum Meister. Er begehrte, von ihm unterrichtet zu werden. »Worin wünschen Sie von mir unterrichtet zu werden?« fragte der Meister.

»In Weisheit«, war die Antwort. »Ach, mein Freund, wie gern würde ich das tun, gäbe es da nicht ein größeres Hindernis.« – »Was denn?« – »Weisheit kann nicht unterrichtet werden.«

»Also gibt es nichts, was ich hier lernen kann.« – »Weisheit kann erlernt, aber sie kann nicht unterrichtet werden.«

DIE WEISHEIT findet, wer die Hindernisse abreißt, die man mit seinen Begriffen und seiner Beeinflussbarkeit errichtet hat; Weisheit lässt sich nicht erwerben: Weisheit ist nicht Erfahrung: Weisheit wendet nicht die Illusion von gestern auf die Probleme von heute an.

Wirklichkeit

An einem bitterkalten Tag drängten sich ein Rabbi und seine Schüler um ein Feuer. Einer der Schüler, Sprachrohr seines Meisters, sagte: »Ich weiß genau, was an einem so eiskalten Tag wie heute zu tun ist.«

»Was?« fragten die anderen.

»Warm halten. Und wenn das nicht möglich ist, weiß ich immer noch, was zu tun ist.«

»Was?«

»Frieren.«

Die jeweilige Wirklichkeit kann in Wahrheit weder abgelehnt noch angenommen werden. Vor ihr davonlaufen, ist, als laufe man seinen eigenen Füßen davon. Sie anzunehmen, ist, als küsse man die eigenen Lippen. Man kann nichts anderes tun als sehen, verstehen und ruhig sein.

Wunder

Es geschah einmal, dass ein Schüler des muslimischen Mystikers Bahaudin Naqshband gefragt wurde: »Sagt mir, warum verbirgt Euer Meister seine Wunder. Ich habe persönliche Hinweise, die zweifelsohne beweisen, dass er an mehr als einem Ort gleichzeitig war; dass er Menschen durch die Kraft seiner Gebete geheilt hat, ihnen aber sagt, es sei das Werk der Natur, – dass er Menschen, die Kummer hatten, geholfen hat, es dann aber ihrem Glück zuschreibt. Warum tut er das?« »Ich weiß genau, was Ihr sagen wollt«, antwortete der Schüler, »zunächst schreckt der Meister davor zurück, im Mittelpunkt der Aufmerksamkeit zu stehen. Und zweitens ist er überzeugt, dass wenn Menschen erst einmal beginnen, sich für das Wunderbare zu interessieren, sie keine Lust mehr haben, etwas von wirklich geistlichem Wert zu lernen.«

Zeitmangel

Als der Meister den Gouverneur zur Meditation einlud und die Antwort erhielt, er sei zu beschäftigt, sagte er ihm: »Ihr erinnert mich an einen Mann, der mit verbundenen Augen im Dschungel umhergeht – und zu beschäftigt ist, die Binde abzunehmen.«

Als der Gouverneur vorgab, keine Zeit zu haben, sagte der Meister: »Es ist ein Irrtum, dass Meditation aus Zeitmangel nicht möglich ist. Der wahre Grund ist ein rastloser Verstand.«

Zweifel

Ich sage nicht, dass Anbetung und Verehrung nicht wichtig sind, aber ich sage zugleich, dass der Zweifel unendlich wichtiger ist als Anbetung. Überall suchen die Menschen nach etwas, das sie anbeten können, aber ich habe noch keine Menschen gefunden, die in ihren Einstellungen und Überzeugungen wach genug sind. Wie froh wären wir, wenn Terroristen ihre Ideologie weniger anbeten und mehr in Frage stellen würden. Trotzdem wollen wir das nicht auf uns beziehen …

Zum Schluss

Wenn ich lebendig sein will muss ich lernen, in jedem Augenblick zu sterben, das heißt, Lebewohl zu sagen, loszulassen, voranzugehen!

Ist das geschehen, wende ich mich der Zukunft zu und sage: »Willkommen«.

Ich denke an die Arbeit, die auf mich wartet, an die Menschen, denen ich begegnen werde, an das Leben, das ich führen werde, an die Ereignisse, die morgen eintreffen werden, und ich breite meine Arme aus, um den Anruf der Zukunft willkommen zu heißen …

Textnachweise

Die Zitate in der Einführung stammen aus Schäfer 14, Weisheit 6 und Dschung Dsi, Das wahre Buch vom südlichen Blütenland. Übersetzt von Richard Wilhelm, München 1994, 131.

Quellen

Die Texte stammen aus den folgenden Werken Anthony de Mellos, die alle im Verlag Herder, Freiburg im Breisgau, erschienen sind

Dass ich sehe. Meditation des Lebens. Aus dem Englischen von Mathilde Wiedmann, 1985 [Meditation]

Der springende Punkt. Wach werden und glücklich sein, Neuausgabe 2002, 6. Auflage 2008 [Punkt]

Die Fesseln lösen. Einübung in erfülltes Leben. Aus dem Portugiesischen von Irene Lucia Johna, Herder spektrum Taschenbuch 6433, 2012 [Fesseln]

Eine Minute Unsinn. Aus dem Englischen von Robert Johna, 4. Auflage 1993 [Unsinn]

Eine Minute Weisheit. Aus dem Englischen von Ursula Schottelius, Neuausgabe 2005 [Weisheit]

Mit allen Sinnen meditieren, Anstöße und Übungen. Aus dem Portugiesischen übertragen von Irene Lucia Johna, 1997 [Sinnen]

Warum der Schäfer jedes Wetter liebt. Aus dem Englischen von Ursula Schottelius. Weisheitsgeschichten, Herder spektrum Taschenbuch 5660, 4. Auflage 2008 [Schäfer]

Warum der Vogel singt. Aus dem Englischen von Ursula Schottelius. Weisheitsgeschichten, Neuausgabe 2010 [Vogel]

Wer bringt das Pferd zum Fliegen? Aus dem Englischen von Ursula Schottelius. Weisheitsgeschichten, 2. Auflage 1989 [Pferd]

Wie ein Fisch im Wasser. Anleitung zum Glücklichsein. Aus dem Englischen von Irene Lucia Johna, Herder spektrum Taschenbuch 5664, 3. Auflage 2008 [Fisch]

Wir hörten den Vogel singen, Meisterliche Weisheit von und mit Anthony de Mello hrsg. v. Aurel Brys u. Joseph Pulickal. Aus dem Englischen von Bernhardin Schellenberger, 2003 [Wir hörten]

Die Bücher von Anthony de Mello entstanden in einem multireligiösen Kontext und sollten Anhängern anderer Religionen, Agnostikern und Atheisten eine Hilfe bei ihrer geistlichen Suche sein. Dieser Intention des Autors entsprechend sind sie nicht als Darstellungen des christlichen Glaubens oder als Interpretationen katholischer Dogmen zu verstehen.

X. Diaz del Rio S. J., Gujarat Sahitya Prakash

Herder Spektrum Band 7155

MIX
Papier aus verantwortungsvollen Quellen
FSC® C106847
FSC
www.fsc.org

Bearbeitete Neuausgabe 2012

www.herder.de

Umschlagkonzeption und -gestaltung:
RME Eschlbeck / Hanel / Gober
Umschlagmotiv: © plainpicture
Herstellung: fgb · freiburger graphische betriebe
www.fgb.de

Printed in Germany

ISBN 978-3-451-07155-3